KB089004

지정학적 시각과 한국 외교

지정학적 시각과 한국 외교

2019년 12월 11일 초판 1쇄 발행
2021년 3월 17일 초판 2쇄 발행

지은이 김태환·이재현·인남식

펴낸이 윤철호·고하영
펴낸곳 (주)사회평론아카데미
편집 김천희
디자인 김진운
마케팅 최민규
등록번호 2013-000247(2013년 8월 23일)
전화 02-326-1545
팩스 02-326-1626
주소 03978 서울특별시 마포구 월드컵북로6길 56
ISBN 979-11-89946-39-5 93340

지정학적 시각과 한국 외교

김태환 · 이재현 · 인남식 지음

사회평론아카데미

연구의 목적

제국의 학문이라는 오명(汚名)으로 한동안 학계에서 금기시되어 왔던 '지정학(geopolitics)'이 다시 논의의 중심에 떠올랐다. 강대국 정치의 부활과 맞물려 세계화, 국제협력 및 다자주의의 위기가 도래하면서 결국 다시 힘의 판도에 눈길을 두기 시작했기 때문이다. 분단관리에 외교자산의 상당 부분을 투입해 온 한국 외교는 한반도를 위요(圍繞)한 열강들의 정치적 역학관계에 민감할 수밖에 없었고, 따라서 고전적인 지정학 파워게임에 익숙하다. 한미동맹, 한중관계, 한일갈등 등의 쟁점은 한국 국제관계를 구성하는 대부분의 주제이다. 그러므로 지정학의 귀환은 우리에게 익숙한 국제정치의 동학이라 할 수 있다.

국가의 생존과 연관되는 엄중한 안보 환경 속에서 이러한 한반도 분단관리 외교는 필연적이며, 따라서 외교자산의 집중투입도 불가피하다. 그럼에도 불구하고 고전적 지정학의 틀, 대륙-해양 단층선 논리 또는 강대국의 귀환 등과 같은 현실주의 정치에 포섭된 기존 시선을 벗어날 필요도 제기된다. 이는 현재시제를 넘어서 통일 한국의 미래와 연관된 통찰과도 관계된다.

그럼에도 불구하고 오늘 우리가 조우하고 있는 지정학은 과연 전통 지정학의 주요 개념, 즉 주류 현실주의 국제정치학의 범주로만 설명될 수 있는지에 관한 질문에 답해야 할 필요가 있다. 전통 지정학의 시선에만 사로잡히게 되면 결국 강대국이 견인하는 '게임의 법칙'을 벗어나기 어렵고 한국과 같은 중견국이나 약소국들은 원천적으로 활동의 공간이 극단적으로 제한되기 때문이다.

따라서 본 연구는 전통 지정학의 귀환이 운위되는 현시점에서 과연 한국의 지정학적 통찰은 어느 지점에서 주의를 기울여야 하는지에 관심을 두었다. 먼저 김태환은 지정학계의 다양한 이론적 논의를 정리하고, 이를 바탕으로 주류지정학 논의에서 벗어나 대항지정학의 관점에서 한국 외교의 정체성을 다루었다. 강대국 추수에 빠지기 쉬운 한국 외교의 정체성을 재삼 고민하고 이를 통한 새로운 외교공간 창출이라는 과제를 던졌다. 이를 이어서 인남식은 터키의 사례를 들여다보았다. 이른바 중견국이라는 정체성을 바탕으로 강대국 중심의 지정학적 시선을 중견국과 약소국의 외교전략 차원으로 다양화시키는 시도이다. 2002년 등장한 에르도안 정부의 외교정책은 이전 나토 동맹국으로서의 터키와는 완연히 다른 정책이었다. 그 이면에 어떤 독법과 인식이 작동하고 있는지 그리고 한국에의 함의는 어떻게 도출할 수 있는지를 다루었다. 앞의 두 저자가 이론과 특정국가의 사례를 다루었다면 이재현은 한국의 구체적인 지정학적 확장 정책을 고찰하였다. 중견국 연대의 패러다임을 통해 한국의 새 지정학적 공간을 찾아내는 시도이고, 이를 통하여 문재인 정부의 신남방정책의 함의를 분석하였다.

　이처럼 본 연구는 지정학적 시각의 다양한 접근법을 바탕으로 현재 한국의 외교적 확장성을 모색하고, 미래 한국 외교의 새 지평을 모색하기 위한 일종의 시험적 시도라 할 수 있다. 이를 통해 한국 외교가 분단관리를 넘어서서 지정학적으로 새로운 방향성을 탐색하는 계기를 삼고자 한다.

차례

제2장 중견국 외교와 지정학: 2002-2016 터키 외교전략 사례의 함의 71

인남식

제3장 한국 외교전략 재구성을 위한 한-아세안-오세아니아 삼각협력의 지정학 123

이재현

제1장 지정학, 탈지정학, 대항지정학:
평화와 공존의 한국 외교정책
정체성을 향하여

김태환(국립외교원)

I. 지금 세계는?: 배타적 정체성의 정치

세계는 다시금 격변의 시대에 접어들고 있다. 길게는 냉전의 종식 이래, 보다 가깝게는 2008년 세계금융위기 이래 세계정치를 뒤흔드는 현상은 크게 두 가지로 압축될 수 있다. 그 하나는 '전통 지정학의 귀환'이다. 중동에서는 이라크로부터 리비아, 예멘, 시리아에 이르기까지 폭력적인 극단주의와 전쟁이 기승을 부리고 있으며, 유럽에서는 러시아의 크림반도 병합과 우크라이나 사태로 과거 냉전기 동·서 대립을 방불케 하는 '신 냉전'의 양상이 모습을 드러내고, 아시아에서는 미·중 간 전략적 경쟁이 심화되면서 다시금 대립적인 국가 블록이 형성될 조짐을 보이고 있다.

또 다른 주목할 만한 현상은 포퓰리스트 민족주의의 부상이다. 유럽연합(EU: European Union) 탈퇴를 결정한 영국의 브렉시트(Brexit)와 더불어 프랑스, 독일, 폴란드, 헝가리 등 유럽 곳곳에서 민족주의와 포퓰리즘(populism)이 기승을 부리고 있다. 도널드 트럼프(Donald Trump) 미국 대통령의 당선은 기성 정치와 세계화에 반기를 드는 포퓰리스트 민족주의 부상의 정점을 찍는 것으로 평가되고 있다.

일견 상관성이 없어 보이는 두 가지 현상에 공통되는 것은 양자 모두 '정체성의 정치(identity politics)'가 발현되고 있다는 점이다. 냉전의 종식 후 세계화와 자유주의적 국제질서 하에서 정체성에 기반을 둔 갈등과 대립, 폭력의 정치가 주춤하는 듯 했으나, 강대국 경쟁의 심화와 세계화에 대한 누적된 불만을 기화로 정체성의 정치가 이제 다시금 고개를 들고 있다. 과거와 차이가 있다면, 국가/민족 정체성과 더불어 이와 구별되는 정치적 집단 정체성이 국제사회에서 집단행동의 근원으로 등장하고 있다는 점이다. 냉전 종식 후 아프리카, 보스니아 및 구소련권에서의 갈등과 분쟁, 그리고 알 카에다(Al Qaeda)나 이슬람 국가(Islamic State)의 발흥에서 드러나듯, 인종, 부족 및 종교 등 전근대적인 본원적 정체성(pre-modern primordial identity)도 갈등과 대립의 집단행동의 근원으로 등장하고 있는 것이다.

이러한 갈등과 경합은 본질적으로 '배타적인 정체성의 정치 (exclusionary identity politics)'의 결과로 볼 수 있다. 즉 자신의 정체성을 규정하고 구성하는 데 있어서 자신과 타자의 구분을 넘어서, 타자를 자신과 공존할 수 없는 적 또는 경쟁자로 상정하는 인식과 실천이 배타적 정체성의 정치의 핵심 요소로 작용하고 있다. 배타적 정체성의 정치는 동북아시아를 비롯한 세계 도처에서 네 가지 형태의 배타주의(exclusivism)[1]로 나타나고 있다.

첫째는 '공간적 배타주의(spatial exclusivism)'로서 정체성이 영토나 공간과 결합되면서 영토는 물론 자국의 '핵심 영향권(sphere of core interests)'을 사실상 배타적 주권의 공간으로 인식하고 있고, 이는 자국의 배타적 공간의 통합성을 유지하고 방어해야 한다는

---

1   여기에서 배타주의는 타자의 주장을 배격하고, 특정 현상에 대한 자신의 해석과 인식을
     유일한 진실로 주장하는 것을 지칭한다.

'안보 배타주의(security exclusivism)'로 이어지고 있다. 즉 안보가 영토를 핵심으로 하는 공간적 주권과 긴밀하게 연계되면서, 상대방의 안보 이익이 자국의 안보와 대립하거나 충돌할 경우에는 타협할 수 없는 제로 섬 게임으로 인식되고 있는 것이다. 세 번째는 '배타적 민족주의(exclusive nationalism)'로서, 정치적인 집단 정체성 역시 국가·영토에 공간적 기반을 두고 국가/민족의 집단적이고 선별적인 역사적 경험에 근거한 '반추적 민족주의(retrospective, nostalgic nationalism)'나 포퓰리스트 민족주의의 형태로 나타나고 있다. 또한 자국의 안보를 포함한 국가이익은 타자의 희생은 물론 모든 것에 앞서고 모든 것을 정당화시킬 수 있는 '국익 배타주의(national interest exclusivism)'로 표출되고 있다.

특히 주목을 요하는 점은 강대국들은 이러한 배타적 정체성을 외교정책 담론으로 구체화하면서 지정학적으로 실천하고 있다는 것이다. 강대국들의 세계정치의 공간화와 담론은 이들 국가들의 힘과 지배를 정당화하고 강화하기 위한 것이고, 강대국들의 '게임의 법칙'으로서 한국과 같은 비강대국에게 자율적인 외교정책의 지침이 될 수 없음은 자명하다. 그렇다면 강대국들의 지정학적 경쟁과 세계정치의 공간화, 민족주의 부활의 시대에 한국은 과연 어떠한 대응 방안을 모색해야 할 것인가?

이 글은 이러한 문제의식 아래, 개별 외교정책들과는 구분되는 '외교정책 정체성(foreign policy identity)'이라는 분석적, 그리고 실천적 개념을 통해서 배타적 정체성이 부상하는 세계정치에서 한국 외교의 방향성을 짚어보고자 한다. 이 글의 핵심 논지는 지정학의 귀환과 탈지정학의 동학이 함께 작동하고 있는 오늘날의 세계에서 비강대국으로서 한국의 외교는, 탈지정학적 요소들을 활용할 수 있는 외교정책 정체성을 확립하고 다시금 부활하고 있는 지정학적 경쟁, 그리고 배타성의 정치에 대한 대항력, 즉 대항지정학(counter-geopolitics)의 구심점으로서 역할해야 한다는 것이다. 또한 이론적 측면에서는 전통지정학과 이의 핵심 요소들을 계승하는 현실주의 주류 국제정치학적 시각과 실천에 대한 반론을 제기하고자 한다.

이러한 논지를 위해서 본 연구는 다음 절에서 오늘날의 세계질서를 지정학의 귀환과 탈지정학이라는 두 가지 동학으로 파악하고, III절에서는 이러한 국제적 맥락에서 대항지정학과 외교정책 정체성의 개념과 의미를 소개한다. IV절에서는 대항지정학의 관점에서 특히 평화와 공존이라는 가치에 초점을 맞춘 한국 외교정책의 방향성을 논의하고, 마지막으로 한국 외교정책 정체성을 위한 국내적 합의 구축의 필요성을 제기하고자 한다.

II. 두 개의 세계: 지정학과 탈지정학

1. 지정학의 귀환

1899년 스웨덴의 정치학자 루돌프 쉘렌(Rudolf Kjellen)이 처음으로 지정학(geopolitics)이라는 용어를 만들면서 이를 "공간에서 지리적 유기체 또는 현상으로서의 국가에 관한 이론(theory of the state as a geographical organism or phenomenon in space)"으로 정의한 이래, 지정학은 지리적 요소와 힘 간의 상관관계를 연구하는 학문 영역이자 국가들의 대외정책의 실천 영역으로 발전해왔다. 지정학은 첫째, "공간과 장소에 대한 지배와 영향력 확보를 위한 국가 간 경쟁과 투쟁"[2] 현상을 연구하는 학문의 한 분야인 동시에 둘째, 지리적 공간에 대한 전략적 인식에 기반을 둔 국가들의 대외정책의 실천(aid to statecraft)이라는 두 가지 영역에서 진화해왔다. 이러한 인식에서 투아테일(Gearóid Ó Tuathail)은 지리적 공간 전략을 연구하고 생산하는 "공식 지정학(formal geopolitics)"과 이러한 전략을 실천하는 "실천 지정학(practical geopolitics)"의 양자를 구분하고 있다.[3] 전자는 주로 정책연구소의 전략가나 전문가가 담당하며, 후자는 정치인들이나 관료, 군인들이 담당하는 것이다. 19세기로부터 20세기의 양차 세계대전에 이르기까지 지리적 공간과 힘 간의 상관관계에 대한 인식과 전략은 국가들 특히 강대국들의 제국주의적 대외정책 및 행태에, 따라서 세계정치에 지배적인 영향력을 미치는 것이었다. 이러한 전략적 연구와 실천이 이른바 '전통 지정학(classical geopolitics)'으로 일컬어지고 있다.[4]

2   Colin Flint, *Introduction to Geopolitics*, 2nd ed. (New York: Routledge, 2012).
3   Gearóid Ó Tuathail, *Critical Geopolitics* (London: Routledge, 1996).
4   전통지정학에 대한 개관으로서는 Flint, *Introduction to Geopolitics*; Phil Kelly, *Classical Geopolitics: A New Analytical Model* (Stanford, CA: Stanford University Press,

전통 지정학의 핵심 특징 중 하나는 국가를 살아 있는 유기체에 비견하여 국가의 영토적 팽창과 확대를 정당화하고 있는 것이다. 라쩰(Friedrich Ratzel)은 국가는 살아 있는 유기체이며, 따라서 국민들의 '위대성' 여하에 따라서 팽창할 수도, 수축될 수도 있다는 이른바 "과학적" 사회진화론(social Darwinism)의 기반을 놓은 것으로 평가되고 있기도 하다. 그러나 국가에 대한 유기체적 인식은 국가의 영토적 팽창과 제국주의적 침략을 "삶의 공간(lebensraum 또는 living-space)"의 확보를 위한 것으로 정당화시키고 있을 뿐만 아니라, 인종 차별에 근거한 국수주의적 민족주의의 기반이 되는 것이었고, 하우스호퍼(Karl Haushofer)로 대표되는 독일 지정학, 특히 '나치 지정학'에서 그 절정에 이르고 세계전쟁과 유태인 대학살이라는 비극을 초래하게 된다. 결국 국가 유기체론은 전쟁과 제국주의를 정당화시키는 인종적 우월주의, 그리고 우월한 민족과 국가의 발전적 진화를 설파하는 사회적 진화론과 긴밀히 연계되어 있는 것이다.

전통지정학의 또 하나의 특징은 세계 공간에 대한 전략적 대립과 경쟁 인식이다. 전통지정학자들은 지리적 공간을 대립과 경쟁의 공간으로 구획하였다. 맥킨더(Halford Mackinder)는 "유라시아 하트랜드(Heartland)를 지배하는 국가가 세계의 섬을 지배하고, 세계의 섬을 지배하는 국가가 곧 세계를 지배한다"라고 하면서, 유라시

2016); Jason Dither and Jo Sharp (eds.), *Geopolitics: An Introductory Reader* (New York: Routledge, 2014) 참조.

아의 하트랜드 특히 지금의 러시아와 중앙아시아 지역인 '피벗(piv-ot)' 구역을 전략적 핵심 영역으로 설정하였다. 이는 곧 대륙세력 러시아를 견제하기 위한 영국의 지정학적 고려를 반영하는 것이었다. 이와 더불어 마한(Alfred Mahan)은 대륙세력을 견제하고 봉쇄하기 위해서는 해양세력(sea power)이 중요하며, 대륙세력의 세계지배를 저지하기 위해서 해양세력인 미국과 영국의 동맹의 중요성을 강조하였다. 스파이크만(Nicholas Spykman) 역시 이러한 맥락에서 대륙세력의 팽창을 저지하기 위한 유라시아 대륙의 "주변부 초승달(marginal crescent)" 지역, 즉 림랜드(rimland)의 중요성을 역설하였다. 지정학은 이처럼 세계지리와 정치를 대립적인 공간으로 구획하면서 특정 국가나 세력의 확장, 지배관계, 그리고 힘의 강화를 정당화하는 것이었다.

인종적 우월주의, 사회진화론적 인식이 전략적 대립과 경쟁의 인식 및 실천과 결합될 때, 이는 상대방과 자신의 차이를 드러내고 구분하는 데서 그치지 않고 타자를 배타적인 경쟁자 또는 적으로 설정하는 마니교적 이분법적 선-악 구획(Manicheanism)을 수반하게 된다. 상대방을 자신과 공존할 수 없는 '악마'로 묘사하면서(de-monizing), 한편으로는 국내적인 동원과 결속, 그리고 정치적 지지를 공고히 하기도 한다.

전통지정학의 네 번째 특징은 지리적 제약이 국가의 대외행태와 전략에 지대한 영향을 미친다는 이른바 지리결정론(geographic determinism)이다. 세계 공간의 구획화와 전략적 경쟁 인식은 지리적 제약 하에서 당시의 기술수준, 특히 대륙과 해양에서의 군사적 운송 수단을 감안하여 상대국의 팽창과 패권을 저지하고 자국의 우세를 확보하고자하는 고려에 기인하는 것이었다. 1차 산업혁명으로 대륙 및 해양에서의 운송기술이 획기적으로 발달하였고, 이러한 당시의 기술수준을 적용한 전쟁기술 및 군사적 운송 수단이 국가 간 경쟁전략에 반영되었다. 즉 지리적 요인이 외교정책과 국제관계를 제약하는 것은 분명하지만, 기술의 발전은 지리적 제약요인을 완화시키는 역할을 하고, 지정학자와 지정학의 실천가들은 기술요인을 반영하는 지전략(geostrategy)을 고안한다. 이러한 지정학적 인식과 실천이 국가 간 경쟁관계와 세계정치를 규정하는 중요한 요소로 작용해왔던 것이다.

이와 같은 19세기~20세기 초반의 고전 지정학의 전통은 2차 대전 후 냉전기를 거치면서 현실주의 주류 국제정치학으로 계승되고 있다. 물론 과거와 같은 극단적 인종주의나 국가유기체론, 사회진화론, 지리결정론과 같은 요소들은 상당 부분 희석되었지만, 세계 공간에 대한 전략적 경쟁 인식, 세계정치의 공간화(spatialization)는 그대로 이어지고 있다. 오늘날 '지정학의 귀환'이라고 일컫는 현상은 바로 이와 같은 전통 지정학이 냉전 후 세계에 다시 발흥하고 있다는 것을 의미한다. 그러나 이는 엄밀히 말하면 오해를 불러일으킬 수 있다. 독일의 나치 지정학에 대한 부정적 인식으로 인해서 2차 대전 종전 후 상당 기간 동안 지정학이라는 용어를 공식적으로 사용하지는 않았지만, 사실상 냉전체제에서도, 또한 냉전의

표 1 지정학의 귀환

특징	내용
국가 중심주의와 세계정치의 공간화	영토와 주권에 기반하고 있는 국가가 국제사회의 지배적 행위자 강대국들은 세계 공간을 다시 대립적 공간으로 구획화
민족/국가 정체성 및 민족주의의 재부상	정치적 집단 정체성의 지배적 형태
강대국 간 경쟁	하드 파워를 수단으로 하는 강대국 경쟁과 안보 및 국익 우선주의 소프트 파워 역시 담론 경쟁의 수단으로 사용
국내사회와 국제사회의 이분법적 구분	무정부 상태의 국제사회에서 세력균형이 질서 유지를 위한 유용한 기제

종식 이후에도 지정학은 국가들의 전략적 외교정책의 실천으로서, 또한 국제정치학의 한 분야로서, 특히 주류 현실주의에 계승되어 항상 우리 옆에 있어 왔기 때문이다.

그렇다면 오늘날 다시 재현되고 있는 지정학적 경쟁의 주요 특징들은 무엇인가? 〈표 1〉은 고전 지정학의 요소들이 오늘의 세계에서 재현되고 있는 측면들을 요약하고 있다.

첫째, 영토와 주권에 기반을 둔 국가가 국제사회의 지배적 행위자로 역할하고 있다는 것이다. 이미 전술했듯 2차 대전 종전까지 지정학자들은 국가유기체론에 입각하여 영토의 팽창과 제국주의를 정당화했고, 냉전기에는 영토의 확장을 통한 제국의 건설 대신 가치와 이데올로기, 그리고 정치경제체제의 형태에 기반한 진영(bloc)과 진영 간 영향권의 확장이 자리를 잡았다. 이에 따라서 세계 공간은 미국을 중심으로 하는 자유 및 자본주의 제1세계, 소련을 중심으로 하는 공산주의 제2세계, 그리고 어느 진영에도 속하지 않은 제3세계로 권역화되었다. 냉전은 전체주의(totalitarianism)에 대한 자유주의적 가치와 이데올로기의 대결로 구도화되었고, 이 과정에서 타자에 대한 자국의 정체성이 형성되었다. 소련에 대한 레이건(Ronald Reagan) 대통령의 "악의 제국(Evil Empire)" 규정, 그리고 미국의 소련에 대한 봉쇄정책은 이와 같은 지정학적 인식의 결과이다.

냉전 후에도 이와 같은 세계 공간의 대립적 권역화는 그 형태를 달리하여 계속되고 있다. 일본의 경제적 부상과 더불어 무역마찰이 심화되면서 1980년대 후반 이래 일본을 경제적 위협으로 간주하는 인식이 대두하였고,[5] 소련권의 붕괴와 더불어 세계 문명 간의 대립과 충돌을 예견하는 이른바 "문명충돌론(clash of civilizations)"[6]이 적지 않은 반향력을 갖고 등장하였다.

둘째, 국가 중심의 정치적 정체성과 이에 따른 민족주의의 부상이다. 민족 또는 국가 정체성(national identity)은 타자와는 구별되는 자기 국가 또는 민족의 본질적인 속성을 의미한다. 이러한 의미에서의 정체성은 '우리(Us)' 대 '그들(Them)', '자신(Self)' 대 '타자(Other)'라는 이분법적 인식을 생성하며, 교육과 미디어에 의해서, 그리고 많은 경우 정치적 목적과 필요에 의해서 확산되고 강화된

---

5   Edward Luttwak, *The Endangered American Dream* (New York: Simon & Schuster, 1993).

6   Samuel P. Huntington, *The Clash of Civilizations and the Remaking of World Order* (New York: Simon & Schuster, 1996).

다. 18세기 이래 민족국가(nation-state)의 전 세계적 확산과 민족주의의 발흥은 민족이라는 정치적 집단 정체성에 영토 요소가 결합된 결과이며, 이는 국가주권(sovereignty) 개념과 더불어 현대 세계체제의 "세 가지 사회공간적 핵심 요소(sociospatial triad of the international system)"[7]를 구성해왔다.

집단 정체성, 특히 민족/국가 정체성은 국가나 민족의 집단적 결속력을 강화하는 한편, 자신과 타자의 이분법적 구분이 지나치게 배타적일 경우, 국수적·배타적 민족주의, 그리고 갈등과 폭력의 정치로 표출되기도 한다. 2차 세계대전까지는 인종적 정체성에 기반을 둔 민족주의가 제국주의와 식민주의를 정당화하는 근거가 되었다. 냉전기에는 이데올로기적 가치, 그리고 이에 기반한 정치경제 체제의 차이가 서로 다른 진영에 속하는 국가들의 정체성을 구성하는 중요한 요소로 포함되었고, 상이한 진영 간 갈등과 대립을 야기하였다.

2001년의 9·11 테러 사건 이후 미국은 "테러와의 전쟁(War on Terror)"이라는 기치하에 아프가니스탄, 이라크 전쟁과 더불어 공세적인 글로벌 "아이디어의 전쟁(war of ideas)"을 전개하였다.[8] 선과 악 간의 끊임없는 이분법적 대결과 투쟁은 네오콘(neo-conser-

---

7 Ó Tuathail, *Critical Geopolitics.*
8 Craig Hayden, "US Public Diplomacy: A Model for Public Diplomacy Strategy in East Asia?", in Jan Melissen and Yul Sohn (eds.), *Understanding Public Diplomacy in East Asia: Middle Powers in a Troubled Region* (New York: Palgrave Macmillan, 2015).

vative) 프레임이 대표적이며, 테러와의 전쟁은 알 카에다로부터 시작했지만 거기에서 끝나는 것이 아니라, 북한, 이란, 이라크와 같은 "악의 축(Axis of Evil)" 국가들로까지 이어지는 것이었다.[9]

2016년 영국민이 국민투표를 통해서 유럽연합을 탈퇴하기로 결정한 것이나, 미국의 제45대 대통령 선거에서 일반적인 예상을 뒤엎고 트럼프가 당선된 것은 공히 보수적 민족주의의 부활이라는 점에서 공통점을 갖는다. 미국과 영국 국민들은 세계화나 세계경제의 통합, 그리고 자유주의적 국제개입으로 인한 부담에 피로감을 느끼고 있으며, 이에 대한 반발로서 자국과 자국민을 최우선시하는 새로운 고립주의를 선호한 것이다.

셋째, 국제사회에서는 상이한 정체성에 기반을 둔 국가들 간의 경쟁, 특히 강대국들 간의 경쟁이 두드러졌고, 군사력과 경제력을 근간으로 하는 하드 파워가 국가 간 경쟁의 핵심 수단이 되어왔다. 2차 대전까지는 주로 대륙과 해양에서의 군사력과 군사력의 이동 수단이 하드 파워의 초점이었던 반면에, 냉전기에는 막대한 파괴력을 지닌 핵무기의 대두로 상대방에 대한 공포와 위험 의식이 증대함에 따라 하드 파워의 증강을 통한 국가안보가 국가들의 최우선 과제로 부각되었다. 핵무기가 개발된 이후의 국가 간 전쟁 억지는 상호확증파괴(MAD: Mutually Assured Destruction)에 기반한 것으로서, 곧 핵무기 하에서의 전쟁 억지와 균형은 공포의 균형(balance

---

9　부시 대통령의 2002년 1월 국정연설. https://georgewbush-whitehouse.archives. gov/news/releases/2002/01/20020129-11.html of terror)을 의미하는 것이다. 1990년대 이후로는 중국의 급격한 부상에 따라 '중국위협론', '세력전이론(power shift)'이 대두하였고, 미·중 간 전략적 경쟁과 러시아와 서방 간의 대립이 오늘날의 세계정치를 규정하는 중요한 요소가 되고 있는 것이다.

넷째, '국가사회'와 '국제사회'의 이분법적 구분이 이루어졌다. 국가사회에서는 중앙정부에 의해서 질서와 안보가 유지되는 반면, 후자의 경우에는 중앙정부가 부재하는 무정부 상태로서 결국 힘의 논리가 지배하는 것이다. 이러한 상황에서는 강대국 간의 세력균형이 국제질서를 유지하는 효과적 기제이자 방법으로 인식되고 있다.[10]

2. 탈지정학

그러나 다른 한편 21세기의 기술혁신, 특히 정보통신 분야에서의 비약적 기술발전은 지정학의 핵심 요소들에 적지 않은 변화를 야기하면서 국제정치에서 또 다른 변화의 동인이 되고 있다. 싱(J. P. Sing)은 기술혁신에 따른 범세계적 차원의 변화 과정을 전통적인 파워의 개념인 '도구로서의 힘(instrumental power)'과 구분하여 '과정으로서의 힘(power as a process)'인 "메타 파워(meta power)"

10　Kenneth N. Waltz, *Man, the State and War: A Theoretical Analysis* (New York: Columbia University Press, 2001); *Theory of International Politics* (Reading, MA: Addison-Wesley, 1979).

로 규정하고 있다.[11] 정보통신기술의 혁신으로 촉발된 국제적 소통의 활성화와 소통 양식의 변화가 개인과 집단의 정체성과 이익, 그리고 국제적 이슈들의 의미 자체를 변화시킴으로써 궁극적으로 국제질서의 변화를 야기한다는 것이다. 정보통신기술은 인간들의 소통을 강화시킴으로써 상호 연계성을 강화시켜줄 뿐만 아니라, 이를 통해서 집단적인 정체성과 이익의 형성을 촉진하고 궁극적으로는 국제사회의 변화를 초래할 수 있는 것이다.

특히 기술혁신이 초래하는 국제질서의 변화 요소로서 〈표 2〉에서 적시하고 있는 바와 같은 일련의 '탈영토화(deterritorialization)' 현상에 주목할 필요가 있다. 20세기 후반 이래의 기술변화로 인해서 16세기 근대국가 형성 이래 오늘날까지 국제체제의 근간이 되어왔던 국가주권-영토보전-민족/국가 정체성이라는 핵심 요소에 변화가 초래되고 있는 것이다.

첫째는 기업과 경제의 탈영토화이다. 지난 세기의 세계화 현상에서 이미 가시화되었듯, 기술발전은 시간과 공간을 대폭 축소시켰고 이에 따라 국가들 간의 상호 의존성이 심화되었다. 전 세계적인 생산 및 가치 체인(global production and value chains)이 형성됨에 따라 기업의 탈영토화가 진행되었고, 개별 국가는 물론 지역적 차

---

11 J. P. Singh, "Information Technologies, Meta-Power, and Transformations in Global Politics," *International Studies Review*, 15:1 (March 2013), pp. 5-29; "The Power of Diplomacy: New Meanings, and the Methods for Understanding Digital Diplomacy," in Corneliu Bjola and Marcus Holmes (eds.), *Digital Diplomacy: Theory and Practice* (New York: Routledge, 2015).

표 2 기술혁신에 따른 일련의 탈영토화

탈영토화	내용
기업과 경제의 탈영토화	세계화에 따른 생산 및 서비스의 글로벌 체인의 형성과 경제의 블록화
정체성의 탈영토화	전근대적 정체성과 초국가적 정체성의 등장
공간의 탈영토화	글로벌스페이스, 사이버스페이스의 등장
안보의 탈영토화	포괄적 안보, 인간안보 개념의 등장
힘의 탈영토화	관계에 기반한 새로운 힘의 개념 등장

원의 자유경제 협정, 경제통합 및 블록화가 진행되고 있다. 이에 따라 국가 간, 지역 간 경제적 상호 연계성이 대폭 강화되면서 인적 교류와 사회문화적 교류도 급증하고 있다. 생산과 기업의 탈영토화와 더불어 금융 분야에서의 세계화도 이미 일상화되었고, 국경을 넘어선 금융의 세계화는 2008년 세계 금융위기의 근원이 되는 것이었다.

국제무대를 활동 영역으로 2차 세계대전 이래 활성화된 다국적기업(MNCs: Multinational Corporations)들은 이제 범세계적으로 통합된 기업(GIE: Globally Integrated Enterprises)으로 변모하고 있다.[12] 다국적기업이 하나 이상의 국가에서 생산 활동을 하는 기업이라면, GIE는 "범세계적인 생산 및 가치 창출의 통합이라는 목표를 위해서 전략과 경영을 수립하고 실행하는 기업"으로 정의될 수

---

12 Samuel Palmisano, "The Globally Integrated Enterprise Beyond Multinational," *Foreign Affairs* (May/June 2006); "The Global Enterprise: Where to Now?" *Foreign Affairs online* (October 14, 2016), https://www.foreignaffairs.com/articles/2016-10-14/global-enterprise

있다. 다국적기업의 핵심 관심 사항이 어디에서 생산을 할 것인가 하는 문제였다면, GIE에게는 어떻게 전 세계적인 생산 체인을 통합하고 관리할 것인가 하는 문제가 관건이 된다. 이러한 기업에게 국가의 영토나 국경이라는 개념은 기업 사고나 실천에서 그 의미가 반감될 수밖에 없다. 당연한 귀결로서 이들 기업들에게는 전 세계적인 생산 체인이 영향을 받지 않도록 생산과 서비스가 배치된 지역이나 국가의 안정이 핵심 관심사이며, 범세계 차원에서의 안보와 안정, 평화와 질서, 환경 문제, 전염병을 비롯한 보건과 건강 등 글로벌 이슈들이 기업 활동에 직결되는 것이다. 국내 차원에서만 머물던 사회적 책임이 기업의 탈영토화로 인해서 이제는 글로벌 사회적 책임(CSR: Corporate Social Responsibility)으로 확대되고 있는 것이다.

둘째, 국가에 기반을 둔 민족 또는 국가 정체성과 구별되는 정체성이 국제사회에서 집단행동의 근원으로 등장하고 있다. 냉전의 종식 후 세계정치에서 특기할 점은 지정학적 경쟁과 갈등의 주요 행위자로서 비단 국가뿐만 아니라, 아프리카, 보스니아 및 구소련권, 중동 등지의 갈등과 분쟁에서 드러나듯 냉전기 이데올로기 진영 구조에 가려져 있던 인종, 부족 및 종교 등 전근대적인 본원적 정체성을 결집의 축으로 하는 비국가 행위자들(non-state actors)이 등장하고 있다는 점이다. 전근대적 정체성에 근거하는 비국가 행위자의 대표적인 사례 중 하나는 알 카에다나 이슬람 국가와 같이 종교적 극단주의에 기반하고 있는 테러리스트 집단들을 들 수 있다.

그러나 이와 더불어 전근대적 본원적 정체성과 달리 인권, 환경, 난민 문제 등 글로벌 이슈를 중심으로 형성된 새로운 초국가적 정체성에 근거한 비국가 행위자들의 부상도 두드러진다. 이들은 기술혁신에 힘입어 정보의 상호 공유와 확산을 통해서 국경을 초월하는 네트워크를 구축하고, 국가들의 대내외 정책은 물론 글로벌 이슈에 대해서도 영향력을 행사한다. 단순한 여론의 형성을 통해서가 아니라 뉴 미디어를 매체로 집단행동을 통한 영향력을 행사하고 있는 것이다. 지정학적 경쟁과는 사뭇 대비되는 새로운 영역이 열리고 있는 것이다.

예컨대 2017년 노벨 평화상은 100여 개국 468개 비정부기구들의 연합체이며 한국평화네트워크 등도 참여하고 있는 핵무기폐기국제운동(ICAN: International Campaign to Abolish Nuclear Weapons)에게 주어졌다. 2017년 7월 유엔 총회에서 채택한 핵무기를 규탄하고, 금지하고, 제거하기 위해 모든 관계 당사자가 협력할 것을 서약하는 핵무기금지조약(Treaty on the Prohibition of Nuclear Weapons)을 위해서 노력한 것이 주요 수상 이유가 되었다. 이처럼 비국가 행위자들의 명분과 활동은 특정 국가를 초월하는 새로운 정체성에 근거하여 초국가적 영역으로 확산되고 있는 것이다.

점차 국가사회의 다문화 현상이 두드러지고 세계화가 진전됨에 따라 정체성도 특정 국가를 넘어서서 다면적인 양상을 띠고 있다. 이에 따라 국가/민족 정체성과 영토적 절대주의 간 관계도 약화되고 정체성의 초점도 국가로부터 로컬이나 글로벌, 종교나 문화, 그리고 국경을 넘어서는 이슈 등으로 옮겨가고 있는 것이다. 영토적인 분리나 해체, 중앙 권력의 약화 등 국가가 약화됨에 따라 기존의 전통적인 민족/국가 정체성에서 새로운 정체성의 모색과 형성 과정이 일어나고 있기도 하다. 물론 이와 같은 정체성의 다변화 과정에서도 정보통신기술의 혁신이 지대한 역할을 하고 있음은 재언의 여지가 없다. 기술혁신은 지리적 공간을 넘어서는 새로운 공간을 만들어내고 이 공간에 이슈들을 제기하는 것을 가능하게 함으로써 영토라는 지리적 공간에 갇혀 있던 정체성을 해방시키고 있는 것이다.

셋째는 공간의 탈영토화 현상이다. 인터넷 기술이 웹 1.0에서 웹 2.0으로 발전하게 됨에 따라 이원적 글로벌 네트워크가 형성되었다. 웹 2.0 기술은 사용자의 상호성과 사회적 연계를 대폭 강화시켜주었고, 이들이 직접 웹의 내용을 생성할 수 있게 해주었다. 이는 곧 범세계적으로 구축된 기술적 디지털 네트워크의 기반 위에 소셜 미디어를 핵심 매개로 하는 수평적인 휴먼 네트워크가 형성되었다는 것을 의미한다. 휴먼 네트워크는 컴퓨터와 모바일 장치들을 매개로 사람들이 상호 소통하는 커뮤니케이션 네트워크이며, 컴퓨터에 기반한 디지털 네트워크가 인간과 사회적 네트워크의 형성을 촉진하고 이를 강화시켜주고 있다. 이제 민족국가에 기반을 두었던 기존의 산업사회는 다양한 디지털 커뮤니케이션 네트워크를 중심으로 구성된 "정보시대(information age)"의 "네트워크 사회(network society)"로 변모되고 있고, 네트워크 사회에서는 공간의 개념이 장소(space of places)로부터 정보나 경제적 상품, 서비스, 자본 등의 "흐름의 공간(space of flows)"으로 변모하게 된다.[13]

글로벌 네트워크 사회에서는 공통의 이해나 관심을 함께 하는 사이버 공동체의 등장이 두드러지며, 이들 공동체의 구성원들은 특정 이슈와 관련된 정보와 메시지를 자발적으로 공유하고 전파한다. 인터넷과 소셜 미디어는 이러한 이슈를 둘러싸고 글로벌 "공적 영역(global public sphere)"[14]의 장을 제공해주는 매체가 되고 있다. 즉 비영토적 차원의 사이버스페이스가 사이버 안보 문제와 같이 국가 간 경합의 새로운 대상이 되는 동시에, 새로운 국제정치의 장으로 등장하고 있는 것이다. 인터넷과 무선통신 네트워크는 초국가적 이슈를 중심으로 결집하는 국제적 사회운동에 단순한 수단을 제공할 뿐 아니라, 문화적 표현 양식이자 사회운동 조직 차원의 플랫폼을 제공함으로써 이들 사회운동이 새로운 양상, 즉 "네트워크화된 사회운동(networked social movements)"으로 변모하는 계기가 되고 있다.[15]

---

13   Manuel Castells, *The Rise of the Network Society, The Information Age: Economy, Society, and Culture,* Vol. 1, 2nd ed. (West Sussex, United Kingdom: Wiley-Blackwell, 2010).

14   Jürgen Habermas, *The Structural Transformation of the Public Sphere: An Inquiry into a Category of Bourgeois Society,* tr. By Thomas Burger (Cambridge, MA: The MIT Press, 1989).

15   Manuel Castells, *Networks of Outrage and Hope: Social Movements in the Internet Age,* 2nd ed. (Washington, D.C.: Polity, 2015).

넷째, 안보의 탈영토화 현상이다. 전통적인 안보 개념은 영토와 민족국가에 그 뿌리를 갖고 있는 데 반해서, 오늘날의 안보는 영토에 기반을 둔 전통적 안보 이외에도 테러리즘, 사이버 안보, 마약, 전염병, 대량 살상 무기의 확산과 같은 비영토적 또는 초영토적 위험과 위협을 포함한다. 인간안보나 환경안보 등과 같은 새로운 안보 개념은 국가를 넘어서서 전 인류에게 해당되는 포괄적인 개념이고, 따라서 이들 탈영토적 안보는 특정 국가의 대응으로 해결될 수 있는 문제가 아니다. 오늘날 많은 국가 행위자들이 이와 같은 탈영토적 비전통 안보에 관심을 쏟고 있을 뿐만 아니라, 초국가적 NGO나 사회운동들과 같은 비국가 행위자들이 이들 비전통 안보분야 이슈를 중심으로 결집하여 그들의 목소리를 높이고 있는 것이다.

다섯째, 힘(power)의 탈영토화 현상이다. 기술혁신은 국제정치나 외교의 수단으로서 하드 파워나 소프트 파워와는 구별되는 새로운 힘을 창출하고 있다. 카스텔스(Manuel Castells)는 네트워크 사회에서 새로운 힘의 개념으로서 "네트워크 파워"를 지목한다.[16] 그는 디지털 미디어와 인터넷을 핵심 매개로 하는 로컬-글로벌 네트워크를 중심으로 형성된 사회화된 커뮤니케이션 영역 안에서 담론이 형성되고 확산되며, 이는 경쟁과 내재화를 거쳐서 결국 네트워크 구성원들의 협력적이고 집단적인 행동으로 구현된다는 점에서 네

---

16   Manuel Castells, *Communication Power* (New York: Oxford University Press, 2013).

트워크 파워는 곧 "커뮤니케이션 파워"라고 주장한다.

하드 파워나 소프트 파워가 유형, 무형의 특정 자원(power re-
sources)으로서 행위자에 의해서 소유된다는 점에서 공통점을 갖는
다면, 새롭게 등장하는 힘의 개념은 상대방과 관계를 형성함으로써
생성되는 '관계의 힘(relational power)'이라는 특성을 갖는다. 즉 하
드 파워나 소프트 파워가 '대상에 대한 힘(power over)'이라면, 이
들 새로운 힘은 '상대방과의 관계를 형성함으로써, 즉 상대방과의
협력을 통해서 생성되는 힘(power with)'이라는 데에 근본적인 차
이점이 있는 것이다. 협력을 통해서 생성되는 힘(collaborative pow-
er)은 "혼자서는 할 수 없는 일을 함께함으로써 성취할 수 있는 다
자의 힘"을 지칭하며, 이러한 힘은 상대방에 대한 명령을 통해서가
아니라 행동을 촉구(call to action)하고, 공통의 목표하에 가능한 한
많은 행위자들과 연계함으로써(connection) 행사되며, 이 과정에서
참여자들은 다른 참여자들에게 자신의 선호를 강요하기보다는 자
신의 선호를 다른 이들과 맞추어 조정한다는 점에서 전통적인 힘과
는 구분된다.[17]

전통적인 지정학의 귀환과 정보통신기술의 혁신으로 촉발된
메타 파워 과정은 1648년 웨스트팔리아(Westphalia) 조약 이래 자
리를 잡아온 구질서의 변화를 초래하고 있다.[18] 웨스트팔리아 질서

---

17 Anne-Marie Slaughter, *The Chessboard and the Web: Strategies of Connection in a
    Networked World* (New Haven, CT: Yale University Press, 2017).
18 이 부분의 논점에 대해서는 김태환, "한국형 중견국 공공외교: 자유주의적, 구성주의적
    접근", 국립외교원 외교안보연구소 정책연구과제 2014-03 (2014) 참조.

가 전통적 지정학의 '게임의 법칙'에 따라 규정되는 국가 중심적 세계질서라면, 기술혁신의 임팩트를 통해서 새롭게 형성되고 있는 '포스트 웨스트팔리아 질서'는 구게임의 법칙과 더불어 기술혁신이 초래하는 힘과 일련의 탈영토화 역시 국제정치의 중요한 규정 요소로 작동하는 질서이다. 물론 새로운 포스트 웨스트팔리아 질서가 기존하는 국제질서를 급격하게 대체하는 것은 아니다. 서서히 등장하는 새 질서는 기존하는 질서와 공존하면서 중첩적으로 작용하고 있고, 따라서 작금의 국제질서의 변화는 단절적(disruptive)이고 대체적인 것이라기보다는 기존 질서의 내부로부터 연속적이고 점진적으로 진행되고 있다. 기술혁신이라는 메타 파워가 지정학적 메타 파워를 상쇄하기보다는, 그 핵심 요소들을 변화시킴으로써 국제정치를 규정하는 힘을 희석시키고 있는 것이다.

오늘날의 세계정치는 이와 같은 지정학적 경쟁과 탈지정학이라는 두 가지 동학이 상호작용하면서 초래하는 새로운 변화로 특징지을 수 있다. 지정학적 경쟁은 강대국들이 정해놓은 그리고 그들이 주도적인 영향력을 행사하는 국제질서인 데 반해서, 새롭게 등장하는 변화의 힘은 한국과 같은 비강대국들에게 외교적 기회를 제공하는 영역이 아닐 수 없다. 따라서 강대국과 차별화되는 중견국으로서 한국의 외교는, 현존하고 있는 지정학적 경쟁과 기술혁신이 초래하는 탈지정학의 동학의 외중에서 후자의 힘을 극대화하는 방향성을 취해야 할 필요가 있는 것이다.

III. 대항지정학과 외교정책 정체성

1. 대항지정학

1980년대 후반부터 대두하기 시작한 비판지정학(critical geopoli-tics)은 전통지정학과 더불어 현실주의 주류 국제정치학을 통해서 오늘날까지 이어지고 있는 지정학을, 서구 중심적이고 강대국의 패권적 지배를 위한 담론(discourse)이자 "지정학적 상상(geopolitical imagination)"[19]이라고 비판한다.[20] 지정학은 본질적으로 서구 국가들, 특히 강대국들의 힘을 정당화하고 자신들의 영향권을 확장하기 위해서 세계정치를 공간화하고 있으며,[21] 이러한 지정학적 상상을 담은 담론은 엘리트나 대중의 인식과 사고에 스며들어 가서 실제 행동을 촉발한다고 주장한다. 즉 지정학은 "공간을 대변하는 담

---

19 John A. Agnew, *Geopolitics: Re-Visioning World Politics*, 2nd ed. (New York: Rout-ledge, 2003).

20 비판지정학에 대해서는 다음을 참조. Ó Tuathail, *Critical Geopolitics*; Gearóid Ó Tu-athail and Simon Dalby (eds.), *Rethinking Geopolitics* (New York: Routlede, 1998); Simon Dalby, *Creating the Second Cold War: The Discourse of Politics* (London: Pinter Publishers, 1990); John Agnew, Katharine Mitchell and Gearóid Ó Tuathail (eds.), *A Companion to Political Geography* (Malden, MA: Blackwell, 2003); Klaus Dodds, Merje Kuus and Joanne Sharp, *The Ashgate Research Companion to Criti-cal Geopolitics* (Burlington, VT: Ashgate Publishing, 2013); John Agnew, Virginie Mamadouh, Anna J. Secor, and Joanne Sharp (eds.), *The Wiley Blackwell Compan-ion to Political Geography* (Malden, MA: John Wiley & Sons, 2015).

21 Gearóid Ó Tuathail and John Agnew, "Geopolitics and Discourse: Practical Geo-political Reasoning in American Foreign Policy," *Political Geography*, 11:2 (March 1992), pp. 190-204.

론(representation of spaces)"인 동시에 "공간적 실천(spatial practices)"인 것이다.[22]

이들의 지정학적 공간화, 상상, 담론은 정치뿐만 아니라 빈곤, 성, 환경, 인종, 대중문화를 포함한 광범한 영역에서 궁극적으로 지배-복종의 힘의 관계를 의미한다. 따라서 지정학은 자연적으로 주어진 지리가 아니라 사회적으로 구성된 일련의 담론과 아이디어이며, 이를 통해서 국제정치경제가 지리적으로 실현된다는 것이다. 즉 비판지정학은 현실 국제정치를 영토화된 정치로 이해하는 데서 나아가 힘과 정치를 보다 복합적인 공간성으로 이해하고 있는 것이다.[23]

비판지정학은 특히 전통 지정학과 현실주의 국제정치에서 국가가 상대방을 적으로 설정함으로써 어떻게 정치적·공간적 배타성을 극대화하고 활용하고 있는지를 밝히는 데에 관심을 기울이고 있다. 지정학은 자신과 구분되는 타자를 설정하고 이를 배제하고 있으며, 타인으로부터 자신을 방어하는 안보 개념을 도출하고 있다. 이러한 배타성은 정체성의 정치를 강조하는 내러티브의 핵심 요소로 반영되고 있는 것이다.[24] 이러한 의미에서 비판지정학의 핵심 어

22 John Agnew and Stuart Corbridge, "The New Geopolitics: The Dynamics of Geopolitical Disorder," in R. J. Johnston and P. J. Taylor (eds.), *A World in Crisis? Geographical Perspectives*, 2nd ed. (Oxford: Blackwell, 1989), pp. 266-288.

23 Klaus Dodds, Merje Kuus and Joanne Sharp, "Introduction: Geopolitics and its Critics," in Dodds, Kuus and Sharp, *The Ashgate Research Companion to Critical Geopolitics*.

24 Dalby, *Creating the Second Cold War*.

젠다는 고전 지정학과 이를 계승하는 현실주의 주류 국제정치에 대한, 그리고 이들의 지정학적 상상에 대한 비판과 저항이라고 볼 수 있다.

본 연구에서 제기하고 있는 대항지정학(counter-geopolitics)은 비판지정학의 문제의식에서 출발하고 있다. 그러나 비판지정학이 전통지정학이나 현실주의 국제정치에 대한 대안을 제시하기보다는 이들의 지정학적 상상과 담론, 그리고 여기에 기반을 둔 정치과정을 해체(deconstruct)하는 데에 초점을 맞추고 있는 반면에, 대항지정학은 지정학적 경쟁으로 특징화되는 국제질서와 공존하되, 실천을 통해서 이의 영향력을 희석시킴으로써 대안적 질서의 공존을 추구한다는 점에서 비판지정학과 구분된다.

대항지정학은 실천의 주체로서 비강대국과 비국가 행위자에 초점을 맞추고 있으며, 기술혁신으로 등장하고 있는 탈영토화, 탈지정학이 제공하고 있는 기회에 주목한다. 이러한 관점에서, 한국과 같이 지정학적으로 강대국의 틈바구니에 끼어서 역사적으로 많은 고난을 겪어왔고 겪고 있는 국가들의 경우, 이러한 지정학적 역경을 새로운 탈지정학으로 재구성하고 이를 실천하는 것이 외교적으로 중요한 의미를 갖는다. 외교정책 정체성은 바로 이러한 탈지정학적 자아를 새롭게 구성하고 이를 국제사회에서 실천하는 데에 중요한 프레임워크가 될 수 있다. 〈표 3〉은 대항지정학의 핵심 요소들을 적시하고 있다.

표 3 대항지정학의 핵심 요소

요소	내용
열린 정체성의 정치에 기반한 접근	배타적이지 않은 포용적 정체성(inclusive identity)에 기반
역할 정체성	국제사회에서 수행하는 구체성 있는 긍정적 역할에 초점
가치와 아이디어	평화, 화해, 중재와 같은 핵심 가치와 아이디어에 기반을 둔 외교정책 정체성과 내러티브
비국가 행위자, 비강대국과의 연합	비국가 행위자 및 비강대국과의 협력과 공조, 연합
새로운 공간과 힘의 활용	관계의 힘, 협력의 힘, 소통의 힘 및 디지털 공간의 활용

1) 열린 정체성의 정치

정체성은 자신이 누구이고(sense of Self), 어떠한 공동체에 속해 있으며(sense of belonging), 특정 공동체 또는 사회에서 어떠한 역할(role)을 수행하느냐를 규정하는 의미들의 집합이다.[25] 민족/국가 정체성은 타자와는 구별되는 자기 국가 또는 민족의 속성과 소속감을 의미하며, 이에 대한 견해는 본원적 견해(essentialist-primordial)와 구성주의적 견해(constructivist-postmodernist)로 대별된다. 전자는 인종, 혈통, 공통의 언어, 역사, 문화 등과 같이 민족을 구성하는 본원적 요소들을 정체성의 핵심 요소로 간주하는 반면, 후자는 사회적 상호작용과 경험 및 인식, 그리고 정치적인 목적하에 정체성이

25　Peter J. Burke and Jan E. Stets, *Identity Theory* (New York: Oxford University Press, 2009); Michael A. Hogg, Deborah J. Terry, and Katherine M. White, "A Tale of Two Theories: A Critical Comparison of Identity Theory with Social Identity Theory," *Social Psychology Quarterly*, 58:4 (1995), pp. 255-269.

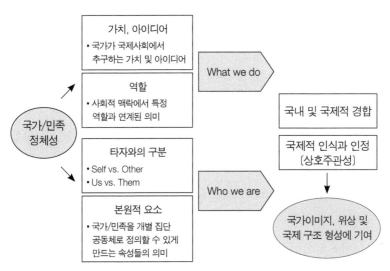

그림 1 민족/국가 정체성의 구성 요소들

'만들어지는' 측면을 강조하고 있다.[26] 그러나 이들 견해는 민족/국가 정체성을 구성하고 있는 여러 요소들에 대한 강조의 차이에 기인하는 것이며, 따라서 민족/국가 정체성은 〈그림 1〉에서처럼 이들 양 범주의 요소들을 모두 포괄하는 것으로 이해할 수 있다.

국제사회에서 전통적 안보 우위의 사고와 실천은 전통 지정학과 현실주의 주류 국제정치학의 "영토의 함정(territorial trap)"[27]에

---

26 Richard R. Verdugo and Andrew Milne (eds.), *National Identity: Theory and Research* (Charlotte, NC: Information Age Publishing, 2016) 참조. 구성주의적 견해의 대표적 예로는 Benedict Anderson, *Imagined Communities: Reflections on the Origin and Spread of Nationalism,* revised ed. (New York: Verso, 2006).

27 John A. Agnew, "The Territorial Trap: The Geographical Assumptions of International Relations Theory," *Review of International Political Economy,* 1:1 (March 1994), pp. 53-80.

기인하는 바가 크다. 이의 기본 가정은, 국제사회가 영토에 기반을 둔 주권국가들로 이루어져 있고 따라서 이들이 국제사회의 주 행위자이며, '국내'와 '국제'는 상이한 법칙이 작동하는 본질적으로 분리된 영역이고, 사회의 경계는 국가의 경계에 갇혀 있다(contained)는 것이다. 이와 같은 가정은 세계정치와 공간을 영토적으로 구획된 경계와 정체성으로 구분하고 있고, '안보 우선주의'에 입각한 '배타적 민족 정체성(exclusive national identity)'의 형성을 촉진하고 있다. 여기에 더하여 동북아시아에서는 과거사 문제에 기인하는 과거지향적이고 보수적인 민족주의가 영토의 함정을 더욱 공고화시키고 있다.

전통적 안보에 근거한 이분법적이고 배타적인 국가/민족 정체성은 극단적이고 배타적인 종교 정체성이나 인종 정체성과 더불어 갈등과 폭력의 정체성으로 이어질 개연성을 갖는다. 특히 냉전 후 세계 도처의 갈등은 이와 같은 배타적 정체성의 정치에 기인하는 바가 크다. 정체성은 집단에 속하는 구성원들의 결속력과 집단행동의 가능성을 높이는 동시에, 차이와 경쟁, 대립을 조장하는 지나친 '정치화'에 노출됨으로써 갈등과 분쟁을 야기하는 두 가지 측면(identity dilemma)을 동시에 가지기 때문이다.

이러한 현상들의 이면에는 안보와 힘의 관계를 근간으로 하는 주류 현실주의 국제정치 인식과 이로부터 유래하는 국가전략의 운용(statecraft)이 본질적 영향을 미치고 있다. 주류 국제정치학과 정책 커뮤니티에서의 담론이 이러한 인식과 논리를 생산하고 있고,

심지어는 영화나 드라마 등 대중문화를 통해서도 이러한 논리와 '상상(imagination)'이 재생산되고 있다.[28] 이는 강대국 간의 전략적 경쟁의 기본 인식 틀이 되고 있을 뿐만 아니라, 중소국가들에게도 갈등과 대립의 정치를 초래하고 있다.

그러나 앞서 살펴보았듯, 오늘날 기술혁신과 탈지정학 현상이 전통적인 영토의 함정의 가정들을 희석시키고 있는 것이 사실이다. 배타적 정체성의 정치가 초래하는 부정적 효과를 넘어서는 방법 중의 하나는 이러한 새로운 변화의 추세를 극대화하는 것이다. 이를 위해서는 '정체성의 다원성(plurality of identities)'을 인정하고 이를 받아들이는 '포용적 정체성(inclusive identity)'을 구성하는 것이 필수적이다.[29]

2) 역할 정체성의 확립

속성과 공동체에 대한 소속감 이외에도 특정 국가나 민족이 국제사회에서 수행하는 역할도 정체성의 근원이 되고 있으며, 이는 '역할 정체성(role identity)'으로 개념화되고 있다.[30] 역할 정체성 역시 속성

---

28 대중 지정학(popular geopolitics)은 미디어와 대중문화, 대중문화 상품이 실생활에서 지정학적 상상을 형성하고 촉진하는 측면을 연구하고 있다. 예컨대, 구소련권 국가들에 대한 서구 미디어와 대중문화 상품의 지정학적 상상에 대해서는 Robert A. Saunders, *Popular Geopolitics and Nation Branding in the Post-Soviet Realm* (New York: Routledge, 2016) 참조.

29 Amartya Sen, *Identity and Violence: The Illusion of Destiny* (New York: W. W. Norton, 2006).

30 Burke and Stets, *Identity Theory*.

이나 소속감과 마찬가지로 타자와의 관계를 통해서만 존재하게 되며, 사회질서의 역할 포지션으로부터 의미를 도출하므로 사회적 맥락에서 자신을 정의하고 의미를 부여한다.

예컨대 선생과 학생의 관계에서처럼 특정 역할에 대한 예상이 행위자들에 의해서 공유될 때에 비로소 그 의미를 갖게 되며, 역할 정체성이 유지되기 위해서는 타자가 행위로 표출된 자신의 역할을 인지하고 인정해야 한다. 물론 자신이 규정하는 역할 정체성과 타자가 인지하는 나의 역할이 일치하는 것이 이상적이지만, 자신의 주관적 역할 규정과 행위 간에 괴리가 있을 경우, 따라서 타자가 자신의 역할을 인정하지 않을 경우 역할 정체성은 의미를 잃게 된다.[31]

개인의 경우 학생, 선생, 근로자, 부모 등 각 사회에서 수행하는 역할에 의미를 부여하고 이것을 자신의 정체성으로 자리매김 하는 반면, 국가들은 외교행위를 통해서 국제사회에서의 특정 역할에 의미를 부여하고 이를 수행한다. 예컨대 제2차 세계대전 이래 미국의 이른바 '세계경찰' 역할이 대표적인 경우이지만, 인권외교나 기여외교와 같이 국가가 추구하는 가치와 원칙을 외교정책에 반영하고 이를 수행하는 것은 그 국가의 역할 정체성을 반영하는 외교이다.

---

31 Jennifer Mitzen, "Ontological Security in World Politics: State Identity and the Security Dilemma," *European Journal of International Relations,* 12:3 (2006), pp. 341-470.

3) 가치와 아이디어

오늘날 다원적 정체성에 호소하기 위해서는 '평화주의'와 같은 중립적 가치에 기반을 둔 포용적 아이덴티티, 초국가적 이슈 아이덴티티에 초점을 맞추는 접근이 필요하며, 경제 문제 및 전통 안보까지 포함하여 공통의 정체성을 강조하는 메타 내러티브를 구성해야 할 필요가 있다. 포용적 정체성을 핵심으로 하는 메타 내러티브 구성에는, 국가 단위를 넘어서 국제적 NGO나 사회운동들과 같은 비국가 행위자들에 대한 접근과 글로벌스페이스를 대상으로 하는 이슈 지향적 접근을 적극적으로 고려할 필요가 있다.

4) 비국가 행위자, 비강대국과의 연합

지정학적 경쟁은 근본적으로 국가 중심, 특히 강대국 중심의 게임이며, 대항지정학의 주체는 대립하는 강대국들의 어느 일방에 편승하지 않는 비강대국들과의 연합을 통해서 그 대항력을 높일 수 있다. 과거 냉전기의 비동맹운동(NAM: Non-Aligned Movement)은 어느 일방에 편승하지 않는 이와 같은 중립적 국가그룹의 역사적 예이다. 또한 이슈를 중심으로 활동하는 국제적 NGO들이나 초국가적 주창 네트워크들(TAN: Transnational Advocacy Network) 역시 대항지정학의 연합 파트너로 고려되어야 할 것이다.

5) 새로운 공간과 힘의 활용

한나 아렌트(Hannah Arendt)는 인간이 협력하여 관계를 형성하고 새로운 현실을 만들어내는 "협력의 힘(power as action in concert)"
을 강조한 바 있다.[32] 그녀에 의하면, 힘이란 단순히 물적 자원에 의
존하는 것이 아니라 인간이 협력하여 공통 목표를 개발하는 과정에
서 소통을 통해서 생성되는 것이다. 대항지정학은 기술혁신으로 가
능해진 협력의 힘, 그리고 새롭게 등장하고 있는 탈영토적 공간을
지정학적 경쟁에 대한 대항의 힘과 공간으로 활용하는 데에 초점을
맞추어야 할 필요가 있다.

2. 외교정책 정체성

한 국가의 외교정책은 국가/민족 정체성의 요소들을 반영한다. 외
교정책 정체성(foreign policy identity)은 특정 국가 외교정책의 특
수성(national specificity), 그 국가가 국제사회에서 추구하는 가치와
아이디어, 그리고 수행하는 역할에 대한 자기 이해(self-understand-
ing)를 의미한다.[33] 이러한 의미에서의 외교정책 정체성은 구체적인
개별 외교정책들과는 구별되는 것이며, 흔히 공식 외교정책 담론으
로 표현되는 주관적인 것이지만, 그것이 국제사회에서 의미를 갖기

---

32 Hannah Arendt, *The Human Condition* (Chicago, IL: University of Chicago Press, 1975); *On Violence* (San Diego, CA: Harvest, 1970).

33 Stefano Guzzini, "The Framework of Analysis: Geopolitics Meets Foreign Policy Identity Crisis," in Guzzini (ed.), *Return of Geopolitics in Europe? Social Mechanisms and Foreign Policy Identity Crisis* (New York: Cambridge University Press, 2012).

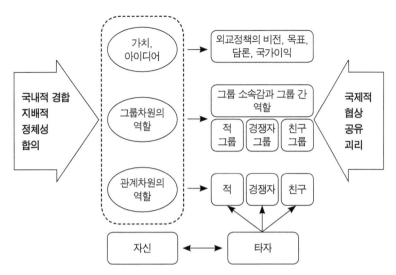

그림 2 외교정책 정체성의 구조

위해서는 국제사회의 구성원들과 상호작용을 통해서 공유되어야
한다는 점에서 상호주관적인 것(intersubjectivity)이다.

〈그림 2〉는 외교정책 정체성의 구조를 세 가지 차원, 즉 개별 국
가(타자, Other)에 대한 관계 차원에서의 역할 정체성(relational role
identity), 국제사회에서 국가들의 집단에 대한 소속감 및 집단 간의 역
할(categorical 또는 inter-group role identity), 그리고 그 국가가 국제
사회에서 추구하는 가치 또는 아이디어라는 세 가지 차원으로 적시하
고 있다.

역할 정체성의 가장 기본적인 차원은 자신과 타자와의 차이와
관계를 인식하고 규정하는 것이며, 국제정치에서 이는 곧 상대방을
적(enemy), 경쟁자(rival), 또는 친구(friend)로 인식하고 관계를 설

정하는 문제이다. 냉전 시대 미국과 소련은 명백히 '적'의 역할 관계에 있었으며, 냉전 후 특히 9·11 테러사태 이후 미국은 부시 행정부 하에서 테러리스트 집단과 이들의 지원 국가들을 '적'으로 설정하였다.

역할 정체성의 두 번째 차원은 국제사회에서 공유하는 속성(예컨대 민주주의나 권위주의와 같은 정권의 속성)이나 이익(예컨대 군사동맹)에 따라 형성되는 상이한 국가집단에 대한 소속감과, 이들 구별되는 집단들 사이에서 어떠한 역할(예컨대 패권자, 균형자, 규제자, 조정자, 중재자 등)을 수행할 것인가에 대한 자기 인식이다. 이와 같은 두 가지 차원의 역할을 바탕으로 특정 국가는 국제사회에서 추구하는 가치나 아이디어를 설정하고, 이는 흔히 그 국가의 외교정책 비전이나 목표, 담론으로 표현되며, 국가이익을 구성하게 된다.

역할 정체성의 두 차원(관계 및 그룹 차원)에서 포용성(inclusive-ness)과 배타성(exclusiveness)은 정체성의 정치의 결과를 가르는 핵심 요소가 된다. 정체성이 포용적이냐 배타적이냐에 따라서, 즉 자신과 구분되는 타자가 공존할 수 없는 적인지, 상호 공존하는 경쟁자인지, 또는 상호 협력하는 친구인지에 따라서 국제정치에서 행위의 선택과 그 결과는 대립과 갈등, 폭력적 분쟁 및 전쟁, 경쟁, 협력 등으로 결정되기 때문이다. 웬트(Alexander Wendt)는 적-경쟁자-친구라는 상이한 역할관계로 구성되는 국제구조 또는 문화를 각각 "홉즈적 무정부(Hobbesean anarchy)", "로크적 무정부(Lockean anarchy)", 그리고 "칸트적 무정부(Kantian anarchy)"로 정

의하고 있다.[34]

그렇다면 이러한 외교정책 정체성을 결정짓는 요인은 무엇인가? 특히 구성주의적 입장에서 볼 때, 정체성은 고정적인 것이 아니라 국내 및 국제적 맥락에서 상호인식과 상호작용을 통해서 사회적으로 구성되며 따라서 그 내용도 가변적이다. 국제적 맥락에서 외교정책 정체성은 지정학적 환경에 대한 인식으로부터 출발하여, 자기와 외부 타자의 구분 및 타자에 대한 인식과 상호작용을 통해서 형성된다.

국내적으로 이러한 인식은 상이한 집단 간 정치적 경합의 과정(identity contestation)을 거치면서, 타자 및 자신의 관계와 자신의 역할에 대한 지배적 인식이 그 국가의 주류 정체성으로 자리매김하게 된다. 이러한 맥락에서 개별 국가마다 고유한 안보 관련 속성을 "전략문화(strategic culture)"로 개념화하고 있기도 하다.[35] 외교정책 정체성은 정책 결정자들과 정치인들은 물론 외교정책을 연구하는 전문가, 싱크탱크들에 의해서 생산되고 재생산되며, 언론과 대중매체 역시 이러한 기능을 수행하고 있다. 이렇게 생성된 외교정책의 정체성은 국제사회에서 설득과 협상, 행위를 통해서 공유되거나 부

34　Alexander Wendt, *Social Theory of International Politics* (New York: Cambridge University Press, 1999).

35　Alastain Iain Johnston, "Thinking about Strategic Culture," *International Security*, 19:4 (1995), pp. 32-64; Ashley J. Tellis, Alison Szalwinski, and Michael Wills (eds.), *Strategic Asia 2016-17: Understanding Strategic Cultures in the Asia-Pacific* (Seattle, CA: National Bureau of Asian Research, 2016).

정되기도 하고, 이는 다시 정체성의 조정 또는 재규정의 순환적 과정을 거치게 되는 것이다.

이와 같은 외교정책 정체성이 왜 중요한가? 정체성은 단순히 주관적 관념의 산물이 아니라 국내외적 상호작용을 거친 사회적 구성물로서, 특정 국가의 국가이익을 규정할 뿐만 아니라, 외교정책의 프레임워크로서 개별 외교정책에 대한 일관되고 원칙적인 가이드라인을 제시한다. 또한 정체성은 국제사회에서 그 국가를 대변(represent)하고, 특정 행정부를 넘어서는 국가 차원의 외교정책의 지속성을 부여하며, 궁극적으로는 국제적인 인식 공유를 통해서 그 국가의 명성이나 지위 확립에도 기여한다.

3. 주변국들의 외교정책 정체성

오늘날 세계 여러 국가들이 자신의 정체성을 재규정하면서 2차 대전 후 70여 년간 지속되어 왔던 세계질서에 변화를 예고하고 있고, 동북아시아도 예외가 아니다.[36] 최근 한반도 주변 강대국들의 외교적 정체성 및 지정학적 경쟁관계는 〈표 4〉에서와 같이 요약할 수 있다.

미국은 트럼프 대통령의 당선과 더불어 '미국 우선주의(America First)'를 전면에 내세우고 있고, 이는 환태평양경제동반자협정

---

36 이 부분은 김태환, "주변국 공공외교의 최근 추세 유형과 한국에 대한 함의," IFANS 주요 국제문제분석 2016-45(2016. 11.) 참조.

표 4 한반도 주변 강대국들의 지정학적 담론과 실천

	담론·가치 (구성적·열망적 정체성 반영)	공간적 실천 (geostrategy)	'우리'	'그들' (significant Other)
미국	America First (자유, 인권, 민주주의와 같은 "보편적 가치"는 미국 이익 실현의 장해물?)	인도·태평양 전략	호주 인도 동맹 및 파트너들	중국·러시아 (rival powers) 북한·이란 (rogue regimes)[37]
일본	'정상국가(Normal State)' '적극적 평화주의(Proactive Pacifism)'			중국 북한
중국	'중국의 꿈(中國夢)' 강대국 지위 회복	일대일로(BRI) 전략	'운명공동체'	미국
러시아	러시아정교회에 기반한 전통적 보수주의 강대국 지위 회복 유라시아주의	Eurasian Economic Union	독립국가연합 (CIS)	미국 서구 (Atlanticism)

(TPP: Trans-Pacific Strategic Economic Partnership), 2015년 파리기
후변화협정으로부터의 탈퇴 등과 더불어 2차 대전 이래 과거 미국
이 주도했던 자유주의적 국제질서에 부정적인 영향을 미칠 것이라
는 우려를 자아내고 있다. 트럼프 대통령은 취임 후 첫 아시아 순방
에서 이른바 '인도·태평양 전략'을 밝힌 바 있다. 이는 태평양에서
페르시아만에 이르는 지역을 자유와 법치, 자유로운 항해와 비행의
공간으로 규정하고 국제 규칙에 근거해 무역과 안보 협력을 진행하

---

37 "rival powers"와 "rogue regimes"라는 표현은 2017년 발표된 미국의 국가안보전략에
서 사용하고 있는 것이다. *National Security Strategy of the United States of America*
(December 2017).

자는 것으로서, 중국을 견제하기 위해 미국과 일본, 호주, 인도가 중국을 에워싸는 식으로 안보 협력을 강화하는 구상으로 해석되고 있기도 하다. 인도·태평양 전략은 2007년 아베 총리가 인도 의회 연설에서 사용한 이래 외교 전략 차원의 개념으로 승격된 것으로 알려지고 있으며, 일본은 이외에도 "자유와 번영의 호(arc of freedom and prosperity)," "민주주의 안보 다이아몬드(democratic security diamond)" 협력과 같은 구상을 제시하고 있다.

2012년 이래 아베 신조(安倍晋三) 총리 집권 2기에 들어서 일본의 외교정책은 중국의 부상과 중·일관계의 악화, 북한의 핵 및 미사일 실험으로부터 촉발된 새로운 지정학적 현실 인식에 기인하는 수정주의 경향을 보이고 있고, 이는 세 가지 차원에서 나타나고 있다. 첫째는 과거사 수정의 차원으로서 일본 정부는 국민들의 "올바른 역사관," "역사적 자긍심 고취"를 강조하고 있고, 바로 이러한 측면이 역사 수정주의의 형태로 표면화되고 있다. 두 번째는 일본 헌법에 반영된 전후 평화주의의 수정으로서, 아베 총리는 '집단적 자위권' 행사를 통한 "적극적 평화주의(proactive pacifism)"와 일본의 '정상국가'화를 표방하고 있다. 마지막으로 샌프란시스코 체제의 수정 차원으로서, 일본은 미·일동맹의 틀 내에서 일본의 군사적 역할을 강화함으로써 전후 동아시아 지역질서의 새로운 변화를 모색하고 있다. 이와 같은 일본의 수정주의적 외교정체성이 주변국, 특히 한국과 과거사 문제를 둘러싼 갈등의 핵심에 있는 것이다.

중국은 '부상하고 있는 신흥대국'이자 동시에 '개발도상국가'

라는 이중적 정체성 사이에서 1980년대 이래 국내 경제성장을 위해서 낮은 자세를 견지해왔지만, 최근 특히 2008년 금융위기와 베이징올림픽 이래 중국의 힘이 가시화되면서부터는 동중국해나 남중국해 문제에서처럼 보다 적극적인 외교행태를 보이고 있다. 이와 같은 중국의 정체성의 재규정은 대표적인 공식 담론의 변화에 그대로 반영되고 있다. 중국의 대표적 외교 담론은 덩샤오핑의 도광양회(韜光養晦)로부터 1990년대의 화평굴기(和平崛起, peaceful rise)로, 2000년대에 들어서는 대국굴기(大国崛起, great power rise, juvenescence), 적극외교(積極作爲, active diplomacy) 및 신형대국관계(新型大國關係, new type of major-country relations), 그리고 시진핑 주석이 강조하는 이른바 '중국의 꿈(China Dream)' 실현으로 변화해왔고, 중국의 대외행태 역시 이러한 담론의 변화와 그 맥을 같이 해왔다. 2013년 이래 중국의 '일대일로 구상(BRI: Belt and Road Initiative)'은 "중화민족의 위대한 부흥"을 의미하는 '중국몽'이라는 야심찬 비전과 정치한 논리로 뒷받침되면서 중국의 지정학적 공간 전략으로 진행 중이다.

러시아는 소련의 붕괴 후 지난 25년간 새로운 국가 형성 과정에서 정체성을 둘러싼 세 가지의 전통적 견해가 경합을 벌여왔고, 이에 따라서 외교정책의 변화가 있어 왔다.[38] '서구주의(Westernism)'는 러시아와 서구의 동질성과 통합을 강조하는 견해로서 주

---

38   이러한 견해는 Andrei P. Tsygankov, *Russia's Foreign Policy: Change and Continuity in National Identity*, 4th ed. (New York: Rowman & Littlefield, 2016) 참조.

로 1990년대 중반까지 옐친의 외교정책의 근간이 되는 것이었다. '국가주의(Statism)'는 정치사회적 질서와 국가안보를 강조하는 견해로서, 1990년대 중반 이래 프리마코프(Yevgeniy Primakov) 외무상과 집권 3기 이전까지 푸틴의 외교정책이 여기에 해당된다. 한편 '문명주의(Civilizationism)'는 서구와는 구별되는 러시아 고유의 정체성을 강조하는 견해로서, 이반 4세(Ivan the Terrible)를 역사적 기원으로, 유라시아주의(Eurasianism)[39]를 그 사상적 기반으로 하고 있다. 푸틴(Vladimir Putin) 대통령 3기, 특히 크림반도 합병과 우크라이나 사태와 더불어 러시아는 국가주의를 넘어서 문명주의를 지향하고 있는 것으로 평가되고 있으며, 이것이 보다 강경하고 단호한 대외행태로 가시화되고 있는 것이다.

외교정책 정체성의 구성과 실천은 국가들의 대외행태에 직접적인 영향을 미친다. 따라서 특정 국가들이 어떠한 정체성을 구성하고 국제사회에서 이를 어떻게 실천하느냐에 따라서 지정학적 경쟁과 배타적 정치의 주체로서, 또는 이에 대항하고 그 영향력을 희석시키는 대항지정학의 주체로서 역할을 할 수 있는 가능성을 지니는 것이다.

문제는 이와 같은 외교정책의 정체성이 배타적일 경우 갈등과 대립, 나아가서는 충돌까지 이어질 수 있는 가능성이 높다는 것이다. 서구사회에서의 포퓰리스트 민족주의의 대두, 민주주의 및 자

---

39 유라시아주의에 대한 최근 논의는 Charles Clover, *Black Wind, White Snow: The Rise of Russia's New Nationalism* (New Haven: Yale University Press, 2016) 참조.

유주의의 쇠퇴, 그리고 권위주의의 부상과 같은 일련의 현상은 신자유주의 세계화와 세계경제의 침체, 경제적 불평등의 심화로 야기된 이른바 "패자들(left-behinds)"의 분노가 기성 정치집단에 의해서 수용되지 못함에 따라, 이들의 분노를 정치적 파워로 전환시키고자 하는 포퓰리스트 정치인들의 역할에 따른 것으로 볼 수 있다.[40] 이들은 다른 인종이나 종교, 이민자들을 악마화하면서 패자들의 분노의 대상으로 설정함으로써 배타적 정체성을 정치적으로 활용하고 있는 것이다. 배타적 정체성이 초래한 비극에 대해서 역사가 주는 교훈은 명확하다.

IV. 한국 외교정책의 정체성

그렇다면 한국 외교정책의 정체성은 무엇인가? 이에 대한 답을 구하기 위해서는 다음과 같은 세분화된 질문을 제기할 필요가 있다.

- 한국이 외교정책에서 표방하고 있는 '가치'나 '아이디어'는 무엇인가?
- 한국 외교정책에서 '중요한 타자(significant Other)'를 어떻게 규정하고 있는가?

40　이러한 논의에 대해서는 예컨대, Panjaj Mishra, *Age of Anger: A History of the Present* (New York: Farrar, Straus and Giroux, 2017); Edward Luce, *The Retreat of Western Liberalism* (New York: Atlantic Monthly Press, 2017) 참조.

표 5 한국 외교정책 정체성?

외교정책 정체성 구조	외교정책의 요소
가치·아이디어	• 평화, 공존, 화해…?
관계 차원의 역할	• 북핵 문제와 남북관계 • 한·미관계 • 한·중관계 • 한·일관계 • 한·러관계…?
그룹 차원의 역할	• 균형외교, 중용외교—한·미관계와 한·중관계의 조화로운 발전 • 동북아플러스 책임공동체 • 동북아평화 플랫폼 • 신북방정책 • 신남방정책…?

• 한국의 외교는 국제사회에서 수행해야 할 어떠한 '역할'을 설정하고 있는가?

1. 어떠한 가치·아이디어인가?

자유나 인권, 민주주의와 같은 가치들은 물론 우리에게 중요하긴 하지만, 이미 중국이나 러시아 등과 같은 국가들이 이에 대한 대안적 가치들을 제시하고 주창하고 있는 현실을 감안할 때, 이는 또 다른 진영론, 즉 서로 대립하는 '가치의 진영(blocs of values)'이나 '가치의 전쟁(battles for values and ideas)'과 같은 배타적인 갈등과 경쟁을 초래할 수 있다.

따라서 한국 외교정책 정체성의 가치·아이디어는 포용적 정체성에 기반을 둔 '평화'와 '공존'과 같이 집단적 정체성을 구성할 수 있는 핵심 요소들이 〈그림 3〉과 같이 동심원을 그리는 형태를 취하는 것이 바람직할 것이다. 평화, 공존, 상생, 화해와 같은 가치들은 진영론적 다툼에서 자유로울 수 있는 중립적 가치라는 이점을 가지기 때문이다.

그림 3 가치의 동심원

　여기에서의 평화는 '적극적 평화(positive peace)'의 개념이다.[41] 소극적 평화는 직접적인 폭력의 부재를 의미하지만, 적극적 평화는 단순히 직접적인 폭력의 부재를 넘어서 구조적 폭력의 부재를 의미한다. 구조적 폭력은 행위자로부터 연원하는 직접적인 폭력과 달리 빈곤, 차별, 사회 부정의와 같은 간접적 폭력을 지칭하며, 문화적 폭력, 그리고 환경 및 생태적 폭력까지 포함하는 개념이다. 따라서 외교정책 정체성의 가치로서 평화는 직접적 폭력의 부재는 물론 국제사회에서 평화를 가능하게 하는 구조적 조건들을 함께 만들어 나가

41　이에 대해서는 다음을 참조. Johan Galtung, "An Editorial," *Journal of Peace Research*, 1:1 (1964), pp. 1-4; *Theories of Peace: A Synthetic Approach to Peace Thinking* (Oslo: International Peace Research Institute, 1967); "Twenty-Five Years of Peace Research: Ten Challenges and Some Responses," *Journal of Peace Research*, 22:2 (1985), pp. 141-158; "Cultural Violence," *Journal of Peace Research*, 27:3 (1990), pp. 291-305; *Peace by Peaceful Means: Peace and Conflict, Development and Civilization* (London: Sage, 1996).

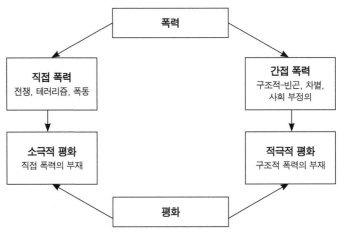

그림 4 소극적 평화 vs. 적극적 평화

는 것을 의미한다.

적극적 평화는 "평화로운 사회를 만들어내고 유지하는 태도(규범, 믿음, 선호 및 사회내의 관계), 제도(정부나 비정부 집단들이 만들어내는 공식 기구), 구조(사회 구성원들이 공유하는 공식, 비공식 행위규범)의 존재"를 의미한다.[42] 이러한 의미에서의 적극적 평화는 평화를 만들어내는 데(peacebuilding) 기여할 뿐만 아니라, 경제적 번영, 포용과 관여(engagement), 변화에 보다 잘 적응하는 사회를 위한 조건들을 창출하는 데에도 기여할 수 있다.

북한의 고도화하고 있는 핵위협으로 인해서 한국 내에서 '핵무장론', 미국의 '전술핵 재배치론'이 거론되고 있는 것이 현실이

---

42   Institute for Economics and Peace, *Positive Peace Report 2016* (2016).

다. 물론 핵무장이 한국이 선택할 수 있는 가능한 옵션이 될 수도 있지만, 이 문제 역시 한국 외교정책 정체성의 차원에서 심각하게 고려해야 할 필요가 있다. 한국의 핵무장, 전술핵의 재배치는 곧 정체성 자체의 근본적인 변화를 수반하는 것이기 때문이다. 한국의 핵보유를 통한 전쟁억지는 무엇보다 '외교정책 정체성의 안보화(securitization)'를 의미하며, 이는 한국 외교정책 전반에 지대한 반향효과를 갖는 것이다. 한국의 핵무장과 정체성의 안보화는 전통적인 안보 딜레마를 가속화시킴으로써 동아시아에 경쟁적·대립적 안보 담론의 확산과 핵 도미노를 야기하게 될 개연성을 높인다. "위험의 담론(discourse of danger)"[43]이 보편화되고 핵무장이 확산되면, 이는 곧 보다 '전쟁친화적'인 홉즈적 동아시아 국제질서로 귀결될 수 있다. 이와 같은 안보 우선주의의 악순환은 타자와의 평화적 공존보다는 갈등과 대립의 구조를 고착화시킬 가능성이 큰 것이다.

2. 관계 차원의 역할: 북한은 적인가?

상대방에 대한 역할관계 설정은 선순환 또는 악순환의 과정을 거쳐서 증폭될 수 있다. 예컨대 쌍방이 공히 상대방을 적으로 인식하고

---

43 David Campbell, *Writing Security: United States Foreign Policy and the Politics of Identity*, revised ed. (Minneapolis, Minnesota: University of Minnesota Press, 1998).

적대적인 정책과 태도로 일관할 경우, 이는 서로가 적이라는 인식과 지식을 재생산하고 공유하게 되고 궁극적으로 갈등적 구조와 문화를 고착화시킬 수 있는 반면, 상대방을 '친구'로 인식하고 이러한 인식이 정책과 행위를 통해서 공유될 경우 평화적 구조와 문화를 정착시킬 수 있는 것이다.[44] 바로 이것이 북한에 대한 역할관계 설정이 중요한 이유이다.

현재 한반도에는 남과 북에 갈등과 대립을 초래하는 복수의 단일 정체성이 대립하고 있는 것이 현실이다. 하나의 민족(韓民族), 역사·문화·언어적 요소 등 과거의 전통에 근거한 본원적 민족 정체성, 통일 한반도에 대한 남북한 간의 상이한 미래 지향적 정체성, 그리고 현재의 분단 정체성이 그것들이다. 특히 분단된 남북한의 정체성에는 역사적 당위성에 근거한 "우리 민족"이라는 인식과 더불어 "우리 대(對) 그들"이라는 대립적 정체성이 함께 존재하고 있다. 또한 한국 내에서도 상이한 정치세력들 간, 세대 간에도 상이한 인식과 견해가 존재한다.

동아시아연구원과 고려대 아세아문제연구소가 2005년, 2010년, 2015년 10년간 세 차례에 실시한 여론조사에 의하면,[45] 우리 국

---

44 Wendt, *Social Theory of International Politics.*
45 강원택 편, 『한국인의 국가정체성과 한국정치』(서울: 동아시아연구원, 2007); 강원택·이내영 공편, 『한국인, 우리는 누구인가? 여론조사를 통해서 본 한국인의 정체성』(서울: 고려대학교 아세아문제연구소, 동아시아연구원, 2011); 이내영·윤인진 공편, 『한국인의 정체성: 변화와 연속, 2005-2015』(서울: 고려대학교 아세아문제연구소, 동아시아연구원, 2016).

민들의 북한에 대한 상충적 태도가 확연하며, 지난 10년간 북한을 형제/우리/이웃으로 보는 긍정적 인식이 줄어든 반면, 적 또는 타자로 보는 부정적 인식이 뚜렷하게 늘어나고 있다. 그럼에도 불구하고 2015년 조사에서는 여전히 북한을 '우리', '형제' 또는 '이웃'으로 보는 견해(65.3%)가 적이나 타자로 보는 견해(29.6%, 2010년 조사에서는 18%)를 압도하고 있다.[46] 그러나 우리의 정치현실은 이와는 상이하다. 진보 대 보수의 대립구도 하에서 안보와 북한에 대한 태도는 곧 국민들의 북한에 대한 상충적 인식을 현실보다 크게 증폭하고 있다. 이른바 "색깔론"은 '종북'과 '좌파'라는 주홍글씨 하에 한국 내부에 양립하기 어려운 또 다른 적을 생산함으로써 국내적 '악마화' 현상이 나타나고 있는 것이다.

한국 정부는 남북 간 화해·협력으로부터 남북연합으로, 그리고 통일국가의 단계로 진행되는 점진적·단계적 평화통일 정책을 공식적으로 채택하고 있다. 이러한 3단계 통일정책은 첫째, 북한을 실지회복(irredentism)의 대상이라기보다는 다시 통합되어야 할 '우리'라는 인식과 둘째, 궁극적인 통일국가 이전에 상당한 기간의 평화공존 단계를 전제로 하고 있다. 즉 비록 분단의 장기화와 핵위협의 증가로 북한에 대한 타자 인식이 늘어났지만, 이 역시 공존할 수 있는 타자, 궁극적으로는 '우리'가 되어야 할 타자로 인식하고 있는 것이다. 이는 곧 한반도에 존재하고 있는 상이한 복수의 "상상의 공

---

46 이내영, "한국인의 북한과 통일에 대한 인식의 변화, 2005-2015," 이내영·윤인진 공편, 『한국인의 정체성』, pp. 207-233.

동체(imagined communities)"[47]를 인정하고 아우를 수 있는 포용적 정체성이 대북정책과 통일정책의 출발점이 되어야 한다는 것을 의미한다.

3. 그룹 차원의 역할: 국제사회의 상이한 국가들의 집단 중 한국은 어떤 그룹에 속하며, 한국의 역할은 무엇이어야 할 것인가?

이 문제는 좁게는 미·중 간 선택의 문제로부터 넓게는 국제사회에서 중견국으로서 한국의 역할 정체성에 관한 문제를 포괄하는 것이다. 주류 현실주의 국제정치학에서는, 세력전이(power transition)의 상황과 같이 강대국들이 경합관계에 있을 때 중소국가들의 선택의 여지는 지극히 제한된다. 중소국가들은 어느 일방 강대국에 편승(bandwagoning)하거나 이를 견제(balancing)하는 타방의 편에서는 양자택일의 기로에 놓이게 된다. 미·중 사이에서 한국의 입장역시 한·미동맹이라는 전통적 노선을 견지하면서 중국을 견제하는이른바 '원교근공(遠交近攻)'으로부터, 안보는 미국과 경제는 중국과의 관계를 강조하는 '안미경중(安美經中)', 미국은 쇠퇴하는 대국이고 중국은 부상하는 대국이므로 중국에 편승해야 한다는 '중국경사론'에 이르기까지 여러 논의가 개진되고 있다. 최근에는 여기에

47   Anderson, *Imagined Communities*.

더해서 한·미관계를 안정적으로 발전시키되, 이 관계가 중국에게 위협으로 받아들여지지 않게 관리해야 한다는 이른바 '헤징(hedging)론'과 '균형외교론'도 등장하고 있다.

미국과 중국 사이에서 어느 일방의 선택이나 균형의 문제는 결코 쉬운 일이 아니다. 균형외교는 시계추처럼 양자 사이를 사안에 따라 왔다갔다하는 것이 아니며, 안보와 경제를 칼로 가르듯 구분해서 어느 한 분야에서 한 강대국과, 다른 분야에서는 다른 강대국과 관계를 돈독히 할 수 있는 것도 아니다. 사드(THAAD) 배치 문제로 야기된 한·중 간의 안보 차원의 갈등이 경제에 파급효과를 초래했던 현실이 이를 여실히 입증하고 있다. 오히려 이는 중심 없는 기회주의 외교나 외교의 표류로 인식될 수도 있다. 현실주의 국제정치학이 비강대국에 제시하는 옵션은 지극히 제한되어 있다.

전통적인 중견국의 역할로서는 강대국들 간 대화와 소통의 장을 마련하고 협력을 촉진하는 중개자 역할, 강대국 중심의 질서를 극복하고 보다 민주적이고 평등한 국제질서를 조성하는 역할, 단기적 국익 추구를 넘어서 지역 및 지구 전체의 거버넌스에 기여하는 역할, 규범기획자의 역할 등이 제시되어 왔다.[48] 그러나 중견국이

---

48 이에 대해서는 다음을 참조. Andrew F. Cooper, Richard A. Higgot, and Kim R. Nossal, *Relocating Middle Powers: Australia and Canada in a Changing World Order* (Vancouver: UBC Press, 1993); Andrew F. Cooper (ed.), *Niche Diplomacy: Middle Powers after the Cold War* (New York: Macmillan, 1997); Bruce Gilley and Andrew O'Neil (eds.), *Middle Powers and the Rise of China* (Washington, D.C.: Georgetown University Press, 2014).

라는 물리적 속성이나 국제사회에서의 위치로부터, 예측 가능한 중
견국의 정책 및 행위를 인과적으로 도출해내기는 어렵다. 중견국의
행태에서 보다 중요한 것은, 물리적 위치와 속성의 차원에서 중견
국으로 분류되는 국가들이 자신의 역할 정체성을 설정하고 이를 실
제로 수행함으로써, 국제사회가 공유할 수 있는 상호주관성을 확립
하는 문제로 귀결될 수밖에 없다.

중견국 역할 정체성은 국제사회에서 정체성의 다원성을 인정
하고 이를 받아들이는 포용적 정체성을 핵심 요소로 한다. 자신과
구분되는 타자가 반드시 적으로 치환될 필연성은 없으며, 타자와의
차이를 인정하고 포용할 때 비로소 타자는 경쟁자나 친구로서 공
존할 수 있는 것이다. 집단 정체성에 근거한 국가 그룹은 공유할 수
있는 집단적 이익을 생성하고, 이는 집단에 속한 국가들의 정책 선
택이 상호의존적일 뿐만 아니라, 이익 자체가 상호의존적이라는 것
을 의미한다. 물론 이러한 의미에서의 국가이익은 현실주의 주류
국제정치학에서 가정하고 있는 '이기적인 자기이익(egoistic self-in-
terest)'과는 확연히 구분되는 개념이다.

중견국으로서 한국의 역할 정체성은 강대국 간 경쟁에서의 중
립자, 중재자(mediator), 화해촉진자(reconciliator, facilitator)에 초점
을 맞춤으로써 외교적 자율성을 확보해야 할 필요가 있고, 이를 위
해서는 무엇보다도 남북관계의 개선이 전제되어야 한다. 현실주의
국제정치나 강대국 논리는 약소국들을 자기편이나 상대방의 편에
몰아넣음으로써 결국 자신과 타자 간 '대립적 진영'을 구성하고 약

소국들에게 중립이나 자율의 여지를 거의 남겨놓지 않는다. 한국에게 북핵문제는 한국을 강대국 간 전략적 경쟁의 진영에 가두는 덫과 같은 것이다. 북한에 대한 역할관계의 재설정과 남북관계 개선을 통해서 이러한 덫의 문제를 해결하는 것이 곧 중견국 역할 정체성의 출발점이 되어야 할 것이다.

이와 더불어 동북아에서 다자협력체 차원의 역할관계, 특히 평화체제 구축을 위한 역할관계를 모색하는 것이 중요하다. 평화체제는 참여하는 국가들이 평화를 핵심 가치로 구성하는 집단 정체성(collective identity)에 기반을 두는 것이고, 이는 평화라는 공유된 가치 하에 '자신'의 경계를 넓힘으로써 타자를 '우리'라는 집단으로 동질화하는 과정(identification)을 의미한다. 물론 동북아 국가들이 공동의 집단 정체성에 기반한 포괄적 공동체(comprehensive community)를 구축하는 것은 현실성이 극히 희박하다. 그러나 전통적 안보를 포함한 개별 이슈 영역에서 평화체제와 같이 공통의 이해를 기반으로 하는 집단 정체성을 구성하는 것은 어렵기는 해도 불가능한 일은 아니다. 물론 개별 국가 차원의 안보 우선주의와 과거사 문제가 정체성의 절대적인 지배적 요소로 작용한다면, 집단 정체성은 이룰 수 없는 이상적 환상에 불과할 것이다.

V. 결론: 국내적 경합과 합의 구축

외교정책 정체성에 대한 국내적 합의가 존재하지 않거나, 기존의 정체성에 대한 새로운 대안적 정체성이 지배적 정치연합에 의해서 제시되었을 경우, 외교정책 정체성은 재구성을 요하게 된다. 위에서 언급한 여론조사에서는 지난 10년 사이에 이념 및 정파적 갈등의 차원에서 한국 사회가 전반적으로 보수화되었으며, 이러한 경향성은 보수진영이 더욱 보수화되면서 진보진영과의 간극이 넓어진 데에 기인하고 있음을 적시하고 있다.

이는 곧 한국 사회에 북한에 대한 관계 설정에 합의가 부재하고 상충적 인식이 존재하고 있을 뿐만 아니라, 이러한 차이가 이념적·정파적으로 확대 재생산되고 있다는 것을 의미한다. 이러한 대립적 흑백론이 한국의 외교정책 정체성과 대북정책에 결코 바람직하지 못함은 자명하다. 국내적 합의 구축은 무엇보다도 정체성에 대한 공정하고 투명한 경합 과정이 전제되어야 하고, 이 과정을 거쳐서 형성된 지배적 정체성 연합(dominant identity coalition)의 인식이 공식적인 외교정책 정체성으로 자리매김해야 한다. 따라서 합의구축을 위한 투명한 공론의 과정이 필요하며, 여기에서 중요한 역할을 하는 것이 국회와 정치인은 물론 학계와 전문가 집단, 그리고 언론이다. 이들은 경합을 통해서 사회적 합의를 도출하는 중요한 메커니즘으로 작용하기 때문이다.

한국의 포용적 정체성과 역할 정체성은 이를 반영하는 외교정책의 비전이나 목표 문제에 다름 아니며, 따라서 이는 국내적 합의의 과정을 거쳐서 내러티브로 구체화되어야 할 것이다. 바로 이러한 논의와 협상 과정이 현 정부가 강조하고 있는 국민외교의 중요한 요소가 되어야 할 것이다.

이제 국제정치의 여러 가지 차원에서 한국이 수행할 수 있고, 수행해야 하는 구체적인 역할에 대해서 보다 본격적인 이론적·정책적 논의가 이루어져야 할 시점이다. 이것이 한국 외교의 가장 핵심적인 토대가 되는 것이기 때문이다.

참고문헌

강원택 편.『한국인의 국가정체성과 한국정치』. 서울: 동아시아연구원, 2007.

강원택·이내영 공편.『한국인, 우리는 누구인가? 여론조사를 통해서 본 한국인의 정체성』. 서울: 고려대학교 아세아문제연구소, 동아시아연구원, 2011.

김태환. "한국형 중견국 공공외교: 자유주의적, 구성주의적 접근," 국립외교원 외교안보연구소 정책연구과제 2014-03(2014).

_____. "냉전 후 지정학의 새로운 요소들과 한국의 통일외교: 함의와 정책방향," 국립외교원 외교안보연구소 정책연구보고서(2016. 11.).

_____. "주변국 공공외교의 최근 추세 유형과 한국에 대한 함의," 국립외교원 외교안보연구소 주요국제문제분석 2016-45(2016. 11.).

이내영·윤인진 공편.『한국인의 정체성: 변화와 연속, 2005-2015』. 서울: 고려대학교 아세아문제연구소, 동아시아연구원, 2016.

Agnew, John A. *Place and Politics*. London: Allen & Unwin, 1987.

_____. *Geopolitics: Re-Visioning World Politics*, 2nd ed. New York: Routledge, 2003.

Agnew, John A. and Corbridge, Stuart. "The New Geopolitics: The Dynamics of Geopolitical Disorder, in R. J. Johnston and P. J. Taylor. eds. *A World in Crisis?: Geographical Perspectives*, 2nd ed. Oxford: Blackwell, 1989, pp. 266-88.

Agnew, John A., Mamadouh, Virginie, Secor, Anna J., and Sharp, Joanne. eds. *The Wiley Blackwell Companion to Political Geography*. Malden, MA: John Wiley&Sons, 2015.

Agnew, John A., Mitchell, Katharine, and Ó Tuathail, Gearóid. eds. *A Companion to Political Geography*. Malden, MA: Blackwell, 2003.

Anderson, Benedict. *Imagined Communities: Reflections on the Origin and Spread of Nationalism,* revised ed. New York: Verso, 2006.

Atwan, Abdel Bari. *Islamic State: The Digital Caliphate*. Oakland, CA: University of California Press, 2015.

Burke, Peter J. and Stets, Jan E. *Identity Theory*. New York: Oxford University Press, 2009.

Campbell, David. *Writing Security: United States Foreign Policy and the Politics of Identity,* revised ed. Minneapolis, Minnesota: University of Minnesota Press, 1998.

Campbell, Emma. *South Korea's New Nationalism: The End of One Korea?* Boulder, CO: First Forum Press, 2016.

Castells, Manuel. *The Rise of the Network Society, The Information Age: Economy, Society, and Culture,* Vol. 1, 2nd ed. West Sussex, United Kingdom: Wiley-Blackwell, 2010.

_____. *Communication Power.* New York: Oxford University Press, 2013.

_____. *Networks of Outrage and Hope: Social Movements in the Internet Age,* 2nd ed. Washington, D.C.: Polity, 2015.

Clover, Charles. *Black Wind, White Snow: The Rise of Russia's New Nationalism*. New Haven: Yale University Press, 2016.

Cooper, Andrew F. eds. *Niche Diplomacy: Middle Powers after the Cold War*. New York: Macmillan, 1997.

Cooper, Andrew F., Higgot, Richard A., and Nossal, Kim R. *Relocating Middle Powers: Australia and Canada in a Changing World Order*. Vancouver: UBC Press, 1993.

Dalby, Simon. *Creating the Second Cold War: The Discourse of Politics*. London: Pinter Publishers, 1990.

Dither, Jason and Sharp, Jo. eds. *Geopolitics: An Introductory Reader*. New York: Routledge, 2014.

Dodds, Klaus, Kuus, Merje, and Sharp, Joanne. eds. *The Ashgate Research Companion to Critical Geopolitics*. Burlington, VT: Ashgate Publishing, 2013.

Evans, Gareth and Grant, Bruce. *Australia's Foreign Relations in the World of the 1990s*. Melbourne: Melbourne University Press, 1991.

Flint, Colin. *Introduction to Geopolitics*, 2nd ed. New York: Routledge, 2012.

Gilley, Bruce and O'Neil, Andrew. eds. *Middle Powers and the Rise of China*. Washington, D.C.: Georgetown University Press, 2014.

Guzzini, Stefano. ed. *Return of Geopolitics in Europe? Social Mechanisms and Foreign Policy Identity Crisis*. New York: Cambridge University Press, 2012.

Habermas, Jürgen. *The Structural Transformation of the Public Sphere: An Inquiry into a Category of Bourgeois Society*, tr. By Thomas Burger. Cambridge, MA: The MIT Press, 1989.

Hayden, Craig. "US Public Diplomacy: A Model for Public Diplomacy Strategy in East Asia?", in Jan Melissen and Yul Sohn. eds. *Understanding Public Diplomacy in East Asia: Middle Powers in a Troubled Region*. New York: Palgrave Macmillan, 2015.

Henrikson, Alan K. "Niche Diplomacy in the World Public Arena: The Global 'Corners' of Canada and Norway", in Jan Melissen. eds. *The New Public Diplomacy: Soft Power in International Relations*. New York: Palgrave Macmillan, 2007, pp. 67-87.

Hogg, Michael A., Terry, Deborah J., and White, Katherine M. "A Tale of Two Theories: A Critical Comparison of Identity Theory with Social Identity Theory," *Social Psychology Quarterly*, 58:4 (1995), pp. 255-69.

Huntington, Samuel P. *The Clash of Civilizations and the Remaking of World Order*. New York: Simon & Schuster, 1996.

Johnston, Alastair Iain. "Thinking about Strategic Culture," *International Security*, 19:4 (1995), pp. 32-64.

Kelly, Phil. *Classical Geopolitics: A New Analytical Model*. Stanford, CA: Stanford University Press, 2016.

Luce, Edward. *The Retreat of Western Liberalism*. New York: Atlantic Monthly Press, 2017.

Luttwak, Edward. *The Endangered American Dream*. New York: Simon & Schuster, 1993.

Mills, Daniel Quinn and Rosefielde, Steven. *The Trump Phenomenon and the Future of*

US Foreign Policy. Boston, MA: Scientific Publishing, 2016.

Mishra, Panjaj. *Age of Anger: A History of the Present.* New York: Farrar, Straus and Giroux, 2017.

Mitzen, Jennifer. "Ontological Security in World Politics: State Identity and the Security Dilemma," *European Journal of International Relations,* 12:3 (2006), pp. 341-470.

Ó Tuathail, Gearóid. *Critical Geopolitics.* London: Routledge, 1996.

Ó Tuathail, Gearóid and Agnew, John. "Geopolitics and Discourse: Practical Geopolitical Reasoning in American Foreign Policy," *Political Geography,* 11:2 (March 1992), pp. 190-204.

Ó Tuathail, Gearóid and Dalby, Simon. eds. *Rethinking Geopolitics.* New York: Routlede, 1998.

Palmisano, Samuel. "The Globally Integrated Enterprise Beyond Multinational," *Foreign Affairs* (May/June 2006).

_____. "The Global Enterprise: Where to Now?" *Foreign Affairs Online* (October 14, 2016), https://www.foreignaffairs.com/articles/2016-10-14/global-enterprise.

Saunders, Robert A. *Popular Geopolitics and Nation Branding in the Post-Soviet Realm.* New York: Routledge, 2016.

Sen, Amartya. *Identity and Violence: The Illusion of Destiny.* New York: W. W. Norton, 2006.

Singh, J. P. "Information Technologies, Meta-Power, and Transformations in Global Politics," *International Studies Review,* 15:1 (March 2013), pp. 5-29.

_____. "The Power of Diplomacy: New Meanings, and the Methods for Understanding Digital Diplomacy," in Corneliu Bjola and Marcus Holmes. eds. *Digital Diplomacy: Theory and Practice.* New York: Routledge, 2015.

Slaughter, Anne-Marie. *The Chessboard and the Web: Strategies of Connection in a Networked World.* New Haven, CT: Yale University Press, 2017.

Tellis, Ashley J., Szalwinski, Alison, and Wills Michael. eds. *Strategic Asia 2016-17: Understanding Strategic Cultures in the Asia-Pacific.* Seattle, CA: National Bureau of Asian Research, 2016.

Tsygankov, Andrei P. *Russia's Foreign Policy: Change and Continuity in National Identity,* 4th ed. New York: Rowman & Littlefield, 2016.

Verdugo, Richard R. and Milne, Andrew. eds. *National Identity: Theory and Research.* Charlotte, NC: Information Age Publishing, 2016.

Waltz, Kenneth N. *Theory of International Politics.* Reading, MA: Addison-Wesley, 1979.

_____. *Man, the State and War: A Theoretical Analysis.* New York: Columbia University Press, 2001.

Wendt, Alexander. *Social Theory of International Politics.* New York: Cambridge University Press, 1999.

제2장   중견국 외교와 지정학: 2002-2016
      터키 외교전략 사례의 함의

인남식(국립외교원)

I. 연구의 목적

본 연구의 주제는 중건국(中堅國, middle power state) 입장에서 보는 지정학(地政學, geopolitics)과 외교전략이다. 고전적 정의에 의하면 지정학은 공간에 투영되는 국가의 힘과 이 힘으로부터 파생되는 영향력의 역학관계를 다룬다.[1] 일반지리학은 물리적 지형(地形)과 지물(地物)에 먼저 집중한다. 반면 지정학은 힘의 변화를 추적하여 지리적 공간 위에 구성되는 다양한 형태의 정치적 역학관계에 주목한다.

따라서 지정학은 일반 지도 위에 중첩되어 존재하는 권력관계의 서열에 관심을 둔다. 일종의 지도(地圖) 재구성이다. 이를 존 애그뉴(John Agnew)는 3단계의 층위로 설명한다. 먼저 일반적 의미에서의 물리적 공간(location)이 존재하며 그 물리적 지형 위로 특정한 공간이 역사적 의미를 획득하여 재해석된다. 여기에 다시 개인의 심리적, 인지적 정체성이 투사되어 재구성되는 일종의 창조적 공간 개념(sense of place)이 출현한다는 것이다.[2] 애그뉴에 의하면 재해석, 재구성되는 공간을 통해 특정 국가와 정치집단은 힘의 세기에 따라 권력을 재배치하며 각자의 이익 극대화를 추구한다.

1   C. S. Gray, "Inescatpable Geography," *Journal of Strategic Studies*, Vol.22 (1999) pp. 161-177; J. J. Grygiel, *Great Powers and Geopolitical Change* (Baltimore, MD., 2006)

2   J. Agnew, "Classics in Human Geography revisited," *Progress in Human Geography*, Vol.27, No.5, pp. 605-614.

이러한 맥락에서 지정학은 본래 강대국의 전유물이었다. 압박의 수단과 자원을 선점한 강대국들이 자국의 이익을 최대한 확대하기 위한 목적으로 지리적 요건을 활용, 정치적으로 투영했기 때문이었다. 강대국이 구상하는 이익의 핵심은 제국적 지위의 획득이었다. 따라서 지정학은 제국의 확장 의지가 작동했던 시대의 역사 유산이기도 하다. 특히 후발 산업국으로 국제 경쟁에 뛰어들었던 독일의 경우 지정학은 국가 영향력 확장의 도구적 학문으로 받아들여졌다. 2차 대전 이후 지정학을 운위하는 것 자체만으로도 극우 민족주의적 성향을 띨 수 있다는 오해를 받았던 이유다. 반면, 약소국 입장에서는 주어진 지리적 환경을 적극적으로 활용하여 국익을 증진하기란 쉬운 일이 아니었다. 약소국이 지리적 이점을 활용할 수 있는 영역은 강대국의 힘을 방호(防護)하는 안보 차원의 수동적 범주에 국한되었다.

하지만 시대가 변화하며 국제사회에서 강대국들의 영향력에 관한 의문과 논쟁이 제기되었다. 여전히 초강대국 미국이 존재하고, 중국의 부상이 화두이며, 안보리 상임이사국의 위상이나 G8 또는 G7 등의 영향력이 유지되고 있는 것은 사실이다. 그리고 북핵 문제나 이란 핵 문제 등 핵심 안보 문제는 여전히 주요 강대국의 입김이 강하게 작동한다. 그러나 강대국이 국제사회의 모든 이슈들을 독점적으로 결정할 수 있는가, 또 그 독점의 의지가 국제평화에 도움이 되는가에 관한 의문은 지속적으로 제기되었다.

범세계적 금융위기를 거치면서 소수 강대국의 힘만으로는 다양하게 분출하는 경제, 사회, 인간 안보 등의 국제 문제를 해결하는 것은 어려운 일이라는 인식이 확산되었다. G20 등의 글로벌 거버넌스가 생성되어 보다 다양한 국가들이 회합하여 공동 대응을 하게 된 배경이다. 무엇보다 비(非)국가 행위자의 등장은 기존의 국제정치질서를 규율하던 주권국가 간 협약이나 힘의 균형의 기제로 다스리기 어려운 새로운 역학관계를 만들어냈다. 2014년부터 4년 동안 국제사회의 이목을 집중시켰던 소위 '이슬람국가(Islamic State Iraq and Sham, 이하 ISIS)'의 존재는 극단적 사례다. 폭력적 극단주의 비국가 집단에 대해 중국을 제외한 유엔안보리 상임이사국 및 독일 등 주요 국가들이 무력을 동원하여 상대하고 여타 관련 국가들도 동참했던 장면도 생소하지만 현실이다. 제2, 제3의 비국가적 행위자들도 언제 어디서든 국가 이상의 존재감과 영향력을 나타낼 수 있음을 각인시켰다. 이러한 맥락에서 강대국뿐만 아니라 비국가적 행위자는 물론 중간 규모의 국가나 약소국도 지정학 게임의 장에서 나름대로 유의미한 행위자의 의미를 획득했다고 볼 수 있다. 한마디로 판의 변화뿐만 아니라 주인공도 변화했음을 의미한다.

따라서 현재의 국제정치는 기존 강대국의 영향력이 일정 부분 유지되면서도 동시에 강대국이 좌우할 수 없는 영역이 확장되고 있는 형국이라 볼 수 있다. 본 연구는 이 점에 주목했다. 강대국의 전략을 상징하던 지정학적 관점을 강대국이 아닌 행위자의 시선으로 재해석하여 새로운 지정학적 시각을 분석하려 하였다.

강대국의 고전적 지정학 독법(讀法)과는 다른 새로운 시선의 지정학적 전략을 구사하는 국가의 사례 연구를 통해 국가전략으로서의 새로운 지정학적 시각과 접근을 발굴하는 것을 목적으로 했다. 따라서 강대국이 아니면서도 일정 정도의 국력과 영향력을 행사하는 중견국 사례 연구가 필요했다. 이러한 맥락에서 강대국이 아닌 중견국이면서도 국제정치적 존재감이 상대적으로 높은 터키의 사례에 주목하였다.

터키는 지정학적 민감성이 매우 높은 나라이다. 역사적으로 지중해 문명 표준을 이끌었던 오스만 제국의 유산은 여전히 짙게 남아 있다. 제국의 유산은 다양성의 혼재와 이어졌다. 지리적으로 유럽 발칸 반도와 아시아 아나톨리아의 연결점은 터키를 나타내는 상징적인 조건이다. 유럽과 아시아, 기독교와 이슬람, 제국과 공화국 등의 양면적 성격이 혼재함으로 말미암은 독특성이다.

1차 대전 패전과 함께 아나톨리아 및 발칸 동부 트라키아 지역 일부로 축소된 터키는 공화국 수립 이후 케말리즘에 입각한 국가이념을 유지해왔다. 한마디로 서구 지향적인 변화 추구였다. 100년 가까이 지속된 세속주의 발전전략은 터키의 독특성을 구성해냈다. 아시아, 이슬람권이면서도 유럽을 지향하고 가장 기독교와 유화적인 문화를 만들어낸 것이다. 그러나 변화의 시기가 도래했다. 에르도안 정부의 등장이었다.

2002년 이슬람 계열의 정의개발당(Justice and Development Party, Adalet ve Kalkinma Partisi, 이하 AKP)이 집권하고 2016년 권위주의 개헌 시까지 터키가 보여주었던 외교전략은 긍정적이든 부정적이든 지정학적 상상력을 적극적, 독창적으로 재해석하고 정책에 반영한 결과였다. 오스만 제국의 역사적 기억을 갖고 있으면서도, 제국에 대한 향수를 버리고, 철저하게 서구 친화적인 공화주의–세속주의 관점을 견지해 온 터키공화국이 어떤 맥락에서 새로운 외교정책을 시도하게 되었는지 살펴보았다.[3]

본 연구의 시간적 배경은 AKP가 집권한 2002년부터 2016년까지로만 설정했다. 2016년 권력구조 개편 개헌 이후 급격히 권위주의적 성격을 띠어가는 레제프 타이프 에르도안(Recep Tayyip Erdoğan) 정부의 대외전략에 변화가 나타났기 때문이다. 이념적으로 이슬람 권위주의 성향이 점차 강화되면서 더 이상 지정학적 상상력을 발휘하는 중견국 외교전략의 유연성을 찾아보기 어렵게 되었다.

II. 지정학의 궤적

1. 제국 확장의 전략적 도구로서의 지정학

역사적으로 확장성을 존재의 동력으로 하는 제국들은 지리적 환경

---

3   터키의 적극적 중견국 외교 구상은 사실상 2002년 이슬람 친화 정당인 정의개발당
     (AKP) 집권 후부터 가시화되었고, 2013년을 정점으로 변화 국면을 맞다가 2016년 권위
     주의 개헌 및 아흐메트 다부토울루(Ahmet Davutoğlu) 총리(전 외교장관)의 퇴진과 함
     께 변질되었다는 평가다. 본 연구는 터키 AKP 정부가 적극적 변화를 추구하며 국제사회
     의 주목을 받았던 2002년부터 2013년까지의 기간을 중심으로 기술되었다.

을 이용하여 영토와 영향력의 팽창을 추구했다. 지리적 환경을 정치적 세력 확장과 연계시키는 전통은 각국의 전략가들에 의해 지속되었다.[4] 제국의 시대를 넘어선 현대 국제정치의 장에서도 지정학은 강대국 대외전략의 전유물이었다. 19세기 말과 20세기 초 강대국들은 지정학의 관념을 이용, 자국 바깥의 영토에 진출했다. 이러한 맥락에서 19세기 말 지정학자들은 강대국의 이익을 확대하기 위한 인식의 개념 틀을 만들어냈다. 영미권 고전지정학 1세대들은 대륙과 해양의 경합이라는 틀로 지정학을 구성했다. 그리고 이러한 대륙과 해양의 경합 틀은 현대 강대국 국제정치의 장에서도 여전히 사용되고 있다.

영국의 지정학자 해럴드 매킨더(Harold Mackinder)는 해양제국 영국의 시선을 담아 유라시아 대륙으로 진출해야만 비로소 명실상부한 세계 최강대국이 된다고 믿었다.[5] 매킨더의 지론은 유라시아 대륙 내 격오지역은 계몽된 제국(enlightened empire)인 영국의 세례를 받아야 범세계적 진보가 일어날 수 있다는 정복주의 인식에 기초했다. 이는 해양제국에서 대륙제국으로 변모하려는 국가의 목적에 충실히 복속되는 논리 개발이었다.

반면 알프레드 마한(Afred Mahan)은 유라시아에서 격리되어

---

4   Noel Parker, "Empire as a Geopolitical Figure," *Geopolitics* Vol.15, No.1 (2010) pp. 109-132.

5   Harold Mackinder, "The geographical pivot of history," *The Geographical Journal*, Vol.23, (1904), pp. 421-437.

있는 미국의 시선으로 해양의 중요성을 강조했다.[6] 미국은 거대한 섬이므로 제국적 지위를 획득하기 위해서는(최소한 제국의 영향하에 편입되지 않기 위해서는) 해양력을 바탕으로 하는 영토의 확장 개념을 구체화해야 한다고 보았다. 이는 미 해군의 강화로 이어졌고 아메리카 대륙에 고립된 국가가 아니라 향후 강력한 영향력을 획득할 수 있는 기반이 된다. 매킨더와 마한을 이어 니콜라스 스피크만(Nicolas Spykman)은 미국의 지정학적 시선을 고정시켰다. 미국이 전통적인 고립주의를 탈피하고 유라시아로 선제적인 진출을 해야 한다고 주장했다.[7] 유라시아를 스스로 독점하지는 못할지라도 대륙세력이 해양으로 진출하는 것은 막아야 한다는 소위 림랜드(rim-land) 개념을 제시했다. 이는 향후 냉전기 봉쇄정책과도 맥이 닿아 있다.

영미권의 고전지정학자들이 이렇게 대륙과 해양 경합을 운위했던 배경에는 19세기 그레이트 게임(Great game)이 자리 잡고 있다. 해양 세력을 대표했던 영국과, 대륙 세력을 대표했던 제정 러시아 간의 힘겨루기였다. 그레이트 게임은 1813년 러시아-페르시아 조약을 단초로 러시아가 영국의 식민지배 영역까지 남하하며 세력 경쟁에 나설 것이라는 우려에 영국이 적극 대응하면서 시작되었다.

6　M. Geyer and C. Bright, "Global Violence and Nationalizing Wars in Eurasia and America: The Geopolitics of War in the Mid-Ninteenth Centry," *Comparative Studies in Society and History,* Vol.38 (1996), p. 653.

7　Nicolas Spykman, *America's Strategy in World Politics: The United States and the Balance of Power,* (New York, Harcourt, Brace and Company, 1942) 참조.

영국은 당시 러시아가 인도까지 진출할 것으로 판단하고, 이를 막기 위해 인도 진입의 길목인 아프가니스탄을 거점으로 방어선을 구축했다. 결국 그레이트 게임은 중국과 동북아시아까지 확대되었고, 후일 러일전쟁으로 연결된다.[8]

한편 지정학을 또 다른 국가 확장의 도구로 활용한 국가는 독일이었다. 영미권 지정학자들이 정책 경험을 바탕으로 지정학 틀을 형성한 반면, 독일계 지정학자들은 이론 강화에 집중했다. 프리드리히 라쩰(Friedrich Ratzel)은 사회진화론(Social Darwinism)을 지리학과 연계시켜 지정학을 개념화했다. 즉 생물이 진화하는 것처럼 물리적 지리 역시 고정형이 아니라 변동형이며 국가는 힘을 바탕으로 국경의 확장을 목적으로 한다는 것이다. 라쩰의 논지는 파격적이었다. 국제정치의 룰을 바꿀 수도 있다는 의미를 적시한 것이었다. 베스트팔렌(Westphalia) 조약 이후 국제정치의 불문율로 내려오던 주권 평등의 원칙과 불간섭의 원칙을 흔들 수 있는 논리였다. 즉 지리적 변동성은 곧 국가의 물리적 영역 변화와도 연계될 수 있으며 이는 특정 정치 세력의 제국적 확장의 소재가 될 수 있음을 의미했다.

라쩰의 이론을 칼 하우스호퍼(Karl Haushofer)가 발전시켜 유기적 국경은 자율신경계처럼 움직일 수 있으며 국가는 국경 확대

8 피터 홉커크, 『그레이트 게임: 중앙아시아를 둘러싼 숨겨진 전쟁』(서울: 사계절, 2009) 참조.

의 운명을 자각해야 한다는 결론을 도출했다.[9] 선발 강대국들에게 뒤져 제국의 식민쟁탈에 늦게 뛰어든 독일의 박탈감을 위무(慰撫)하기에 모자람이 없었다. 국제질서의 현상 타파가 절실했던 독일은 후일 이 논지를 나치가 차용, 소위 제3제국의 공격적 확장 논리를 뒷받침했다.

쇠약해지고는 있었지만 제국의 상징이었던 터키는 19세기 말 유럽의 지정학적 논의에 상대적으로 관심이 적었다. 확장을 고민하기에 제반 여건과 상황이 녹록하지 않았기 때문이다. 유럽이 유라시아 대륙에 대한 접근을 고민하며 영향력 확장을 논의할 때 오스만 제국은 생존을 위해 개혁에 안간힘을 써야만 했다. 그리고 1차 대전 패퇴를 겪으면서 제국의 지위를 상실하게 된다. 또 다른 의미에서의 생존을 고민해야 하고 공화국으로서 국가의 목표를 재설정해야 했다.

2. 냉전기 지정학: 동맹과 편승의 진영론

양차 대전을 겪으면서 국민국가(nation state)들이 대거 국제정치 무대에 등장했다. 전간기(戰間期) 및 전후 세계질서는 혼돈 국면으로 전개되었다. 막대한 피해를 초래한 세계 대전의 상흔을 국제연맹과 국제연합으로 대표되는 다자간 제도가 해결하기엔 역부족이었다.

---

9   Silviu Costachie, "German School of Geopolitics: Evolution, Ideas, Prospects," *Revista Romana de Geografie Politica*, Vol.12, No.2 (2011), pp. 264-276.

제국적 지위를 놓고 다투던 갈등은 이념의 진영론으로 재편되어 냉전을 맞게 되었다.

냉전기 지정학은 진영론을 지지하는 논거로 사용되었다. 미국이 주도했던 냉전기 대소 봉쇄정책은 그 대표적 사례다. 미국은 한미동맹/미일동맹 등 양자 군사조약을 통해 소비에트의 동진과 태평양 진출을 저지했다. 북대서양 조약기구(NATO)는 소비에트의 서진을, 바그다드 조약(Baghdad pact, METO, 후일 CENTO로 재편)[10]와 동남아시아 조약기구(SEATO)[11]를 통해 인도양 진출을 막았다. 한마디로 유라시아 대륙의 해안을 위요(圍繞)하여 대륙 소비에트 세력의 해양 진출을 차단한 것이다. 워싱턴과 모스크바로 대별되는 양대 진영은 영미권 고전지정학자들의 대륙-해양 세력 갈등의 재현이었다. 다만 냉전기 지정학은 양대 강대국만의 경합이 아니라, 강대국의 영향력에 편입된 많은 중소 국가들이 진영을 형성하고 집단 대 집단으로 갈등하는 상황을 반영하였던 것이다.

중견국 및 약소국들 입장에서는 냉전기 국가안보 및 경제발전을 위해서는 어느 진영에 편입되는 것을 고려하지 않을 수 없었다.

10　소련의 중동 및 아프리카 진출을 막기 위한 봉쇄정책의 일환으로 1955년 파키스탄, 이라크, 터키 및 영국 등이 미국의 주도로 중동조약기구(Middle East Treaty Organization)를 결성하였다. 바그다드 조약이라고도 한다. 이후 군사 정변 이후 이라크가 탈퇴하자 1959년 중앙조약기구(Central Treaty Organization)로 재편되었다가 1979년 이란혁명, 아랍민족주의 논란 등이 벌어지면서 해체되었다.

11　1954년 냉전기 동남아지역 대소련 반공국가 간 결성된 지역 방어 조약으로 미국, 영국, 호주, 뉴질랜드, 프랑스 등 역외 국가와 태국, 필리핀, 파키스탄이 동참, 본부를 방콕에 두고 집단안보체제를 구축했으며 1977년에 해체되었다.

진영에 속해야만 워싱턴 또는 모스크바로부터 보호 및 지원을 받기 용이했기 때문이다. 특히 양 진영의 접경에 위치한 국가들의 전략적 가치는 여타 국가에 비해 높았다. 군사적 1차 저지선이기도 하거니와, 자칫 진영을 넘나들면서 전선을 흩뜨릴 수도 있기 때문이었다. 대표적인 접경국가(fault-line states)가 터키이자 한국이다.

터키는 냉전 체제에서 서방 진영의 중요한 최전선 국가였다. 소련의 중동 진출 및 지중해 전력투사를 효과적으로 막아낼 수 있는 지정학적 요건 때문이었다. 무스타파 케말 아타튀르크(Mustafa Kemal Attaturk)의 후예인 터키 군부 세속주의 공화정은 서방의 동맹으로 냉전기간 자리매김했고 나토 회원국으로 집단안보동맹의 일원으로 역할을 수행했다.

특히 1979년 이란 이슬람혁명과 소련군의 아프가니스탄 주둔으로 봉쇄체제가 흔들릴 위기에 처했을 때 안정적 동맹체제를 견고하게 유지한 터키의 존재감은 더욱 높아졌다. 한마디로 냉전기 터키는 철저하게 미국과 서방의 이익과 합치된 행보를 보여주었고, 이를 통해 터키는 유럽에 편입되고자 하는 국가 목표를 더욱 선명하게 나타냈다.

3. 냉전 후 지정학: 문명 충돌의 담론과 테러와의 전쟁 그리고 다양한 인간안보 쟁점의 등장

냉전이 끝난 후 미국에 필적할 만한 강대국은 존재하지 않았다. 19

세기 말 20세기 초 제국 간의 경합이나, 20세기 중반 이후 냉전 진영론의 판을 완전히 교체하는 형국이었다. 단일 초강대국으로 재편되는 미래를 예견하는 분석이 이어졌다. 그러나 결과적으로 미국은 21세기 단일 제국으로 국제사회를 압도하지 못했다. 사무엘 헌팅턴(Samuel Huntington)의 문명충돌 담론이 제기되었고, 역설적으로 냉전기 동지적 관계를 유지하며 대소 견제에 동참했던 이슬람권과의 갈등이 불거지기 시작했다.[12]

동시에 국가 간 전면전 등을 상정하는 전통적 안보 위협을 넘어서서 새로운 위기의 양상, 즉 다양한 인간안보(human security)의 위협이 가시화되었다. 특히 테러와 연계된 비국가적 행위자인 폭력적 극단주의(violent extremism)의 발호가 눈에 띄었다. 결국 이슬람 폭력집단인 알카에다(Al Qaeda)는 2001년 9·11을 일으키고 국제사회는 고전적인 국가 갈등의 안보 위협과는 사뭇 다른 테러와의 전쟁 국면에 조우했다.

테러와의 전쟁 차원에서 2001년 10월 시작된 아프가니스탄전쟁과 2003년 3월 시작된 이라크전쟁은 아무리 압도적인 무력을 소유한 강대국이라도 단순한 테러집단 하나 궤멸시키는 것이 얼마나 어려운 것인가를 여실히 입증했다. 2017년 10월 현재까지 지속되는 아프간전쟁은 나토 26개 회원국을 포함, 최대 43개국이 국제안보지원군(International Security Assistance Force)의 이름으로 탈레

---

12 Samuel Huntington, "The Clash of Civilization," *Foreign Affairs,* Vol.72, No.3. (1993) pp.22-49

반과 벌인 전쟁이다. 그러나 국제사회 강대국을 포함 중견국가들까지 참전했음에도 만 17년 동안 탈레반 세력 하나 궤멸시키지 못하고 여전히 전쟁 중이다.

이라크전쟁 역시 미국 주도하에 영국, 폴란드 등 소위 의지의 동맹(The Alliance of will) 국가들이 테러집단 섬멸 및 이라크 민주화를 내걸고 벌인 전쟁이다. 초기 사담 후세인과의 전투에서는 압도적인 무력으로 미국이 승리하고 바그다드를 점령, 시아파 정부 수립에 성공했다. 그러나 이후 안정화 작전에 어려움을 겪으면서 미국은 10년 이상을 고전했다. 막대한 전비와 희생을 감수하고 벌인 이라크전쟁을 통해 남은 것은 알카에다보다 더욱 극악하고 기괴한 테러집단 ISIS를 목도하는 일이었다.

이것은 무엇을 의미하는가. 국가들로만 국제정치의 행위자가 구성되었을 때는 국가의 힘에 따라 지정학적 환경이 좌우되었지만, 이제 더 이상 그렇지 않음을 뜻한다. 비국가적 행위자의 등장 및 비대칭적 분쟁이 가능한 시점에서는 압도적 국력과 영향력만으로 국제사회를 견인할 수 없게 된 것이다. 강대국의 영향력의 한계 노정과 함께 글로벌 거버넌스의 도래는 필연적이었다. 기존 국제기구의 활동과 더불어, G20 등 다양한 협의체의 등장 및 이슈별 회합이 분출되었다. 테러리즘 등 신안보 쟁점 외에도 기후변화, 환경, 자연재해, 전염병 등 인간안보의 다양한 쟁점은 강대국이 주도한다고 해결할 수 있는 사안이 아니었다.

강대국도 아니고 약소국도 아닌 국가들은 이 시기에서 지정학의 의미를 새롭게 해석하기 시작했다. 강대국 추수(追隨)의 편승을 넘어서는 국가전략을 고민하기 시작한 것이다. 특히 터키의 경우 새로운 시도를 보여주었다. 국제정치의 파워게임은 여전히 존재하지만, 과거와 같은 진영론에 즉각 편승하기보다는 새로운 독자 외교의 공간을 창출하려는 시도를 점차 내비치게 된다. 현실주의의 역학관계를 인정하면서도, 가능한 한 강대국 주도의 파워게임을 탈피하여 정체성, 가치 및 이념 등 무정형의 상위가치를 엮어내려는 시도를 진지하게 고민하기 시작한 것이다. 강대국의 현실주의 지정학에 포획되지 않고 일종의 구성주의, 제도주의적 접근의 가능성을 모색하는 국면이라 할 수 있다. 이러한 고민과 시도가 발현된 하나의 현상이 지정학을 재해석한 소위 중견국 외교이다.

4. 터키의 지정학적 인식 변화

9·11과 문명충돌 담론은 터키의 존재론적 고민을 불러왔다. 70년 넘게 유지되어 온 케말리즘(Kemalism)에 근거한 국가개조 프로젝트는 변곡점을 만났다. 냉전 해체 이후 미국이 주도하는 세계질서 속에서 터키의 세속화 프로젝트는 완성될 가능성이 높았다. 1차 대전 패퇴 이후 제국의 해체를 목도했던 케말의 후예들이 기대했던 것은 유럽화·세속화를 통한 터키의 새로운 정체성 확립이었다.

　터키는 이를 위해 냉전기 반세기 동안 공산 진영과 대치하는 최전선에서 나토에 공헌해왔다고 믿었다. 냉전 지정학의 가장 큰 위험을 감수하면서도 자유 진영의 첨병역할을 했음에도 냉전 해체 이후 그 공을 인정받지 못한다는 박탈감이 있었다. 유럽 연합은 터키의 가입 요구에 본격적인 부담감을 갖기 시작했다. 일련의 가입 논의 가운데 9·11이 일어났고 서방에서는 반이슬람 정서가 확산되었다.

터키 국민들은 유대-기독교 문명에 근거한 유럽의 주류가 이슬람 문명권에 속한 자신들을 유럽의 일원으로 받아들이기 원치 않는다는 의심을 갖고 있던 차였다. 9·11 이후 이슬람권과 테러리즘이 중첩된 이미지로 부상하다보니 터키 역시 기독교권에서는 부담스런 존재로 부각되었고, 터키 국민들의 박탈감은 더욱 커졌다. 박탈감은 과연 서구 추수적인 기존의 전통을 계속 유지하는 것이 맞는가, 아니면 새로운 길을 모색함으로써 현대 터키 외교전략의 재정립을 시도할 필요가 있는가에 관한 고민으로 이어졌다.

9·11은 미국 대외정책의 변화를 가져왔다. 네오콘이 장악한 백악관은 공세적인 현실주의를 내세우면서 선제 타격론을 운위했다. 그리고 세상을 선과 악으로 나누어 규정했다. 이러한 내용이 담긴 부시 독트린이 발표되면서 국제사회, 특히 서구유럽과 미국이 바라보는 대이슬람 인식은 부정적 기조로 바뀐다. 반작용은 필연적이었다. 이슬람권에서도 자신들을 전부 위험 세력으로 인식하는 서구의 일반화 오류에 대한 반발이 컸다. 결국 두 문명권의 충돌 양상은 가시화되기 시작했다. 사무엘 헌팅턴의 문명담론이 선명하게 되살아났고, 터키 역시 이 과정에서 벗어나 있지 못했다. 미국이 본격적

인 테러와의 전쟁을 선언했던 2002년, 에르도안이 이끄는 정의개발당이 집권했다. 에르도안은 이전 케말리즘을 추종하는 정부와 결이 달랐다. 이슬람의 회복, 과거 영화로운 터키 제국의 향수를 자극하는 메시지가 에르도안 정치의 이미지를 구성했다. 대중들은 이에 호응했다. 결국 2002년부터 2019년 현재까지 터키는 에르도안의 강한 터키 민족주의 통치 이념을 따르고 있다. 그리고 구조적인 대외전략 변화를 추구했다.

III. 터키 외교와 지정학

1. 터키의 지정학적 전략의 배경 및 함의

앞 장에서 살펴본 지정학의 궤적에 비추어 볼 때 최근 국제정치의 장에서 터키는 인상적인 행보를 보였다. 특히 2002년 미국의 테러와의 전쟁 논의가 본격화되면서 출범한 정의개발당(AKP) 정부는 학자 출신의 외교장관을 기용, 조직과 전략에 있어서 구조적 변화를 시도했다. 보스포러스 대학 교수 출신의 아흐메트 다부토울루(Ahmet Davudoğlu) 외교장관은 지정학적 상상력을 발휘, 고전적 터키 외교정책에 일대 변화를 시도했다. 그리고 국제사회의 관심을 집중시켰다.

특히 2011년 중동 전역에서 발생한 아랍정치변동(Arab Spring)

이후 권위주의가 무너진 중동 아랍 대부분의 국가에서 터키를 자국의 정치발전 모델로 수용해야 한다는 의견이 압도할 정도였다.[13] 비록 아랍은 아니지만 중동에서 존재감을 한동안 최고조로 높여왔다. 국가와 산업 거버넌스, 정치제도, 법률체계, 국민 자유 등 여러 척도에서 아랍과 비교되지 않을 정도로 터키가 앞서 있었기 때문이었다.

이는 기존 유럽 추수주의를 벗어나서 중동 및 중앙아시아 지역에서 소프트파워를 높이기 시작한 터키 외교정책의 극적 변화에서 기인한다. 물적 토대의 변화는 별로 눈에 띄지 않는다. 대신 사유의 변화를 통해 전략 변화를 이끌어냈다. 터키의 지정학적 상상력을 주목해야 하는 이유는 다음과 같다.

첫째, 터키의 지리적 독특성 때문이다. 터키는 고전지정학에서 다루는 전략적 요충지에 위치하고 있다. 냉전기 자유 진영과 소비에트 진영의 교점에 위치하고 있었을 뿐 아니라, 동양과 서양의 교차로, 즉 중앙아시아와 중동 그리고 유럽을 잇는 핵심지역이기도 하다. 흑해와 지중해를 이으며 대륙세력 러시아가 유럽, 아프리카로 나아가고자 하는 희망의 교두보이기도 했다. 이는 양면성이 있다. 제국의 시대에는 확장의 발판이 되지만, 힘을 잃게 될 경우 곧 외부 위협에 노출됨을 의미한다. 실제로 터키는 제국 패망 이후 지정학 트라우마가 있다고 해도 과언이 아닐 정도였다. 그만큼 양면

---

13 Henry Barkey, "Turkey and the Arab Spring," *Special Report Series, Carnegie Endowment For International Peace,* (April 26, 2011) 참조.

성을 가진 지리적 환경에 예민할 수밖에 없다.

둘째, 강대국 아닌 중견국 외교전략의 지정학적 함의를 관찰할 수 있기 때문이다. 터키는 제국의 시선을 간직하면서 중견국으로 새롭게 자리매김하고 있다. 이 자리매김의 과정에서 독특한 지정학적 통찰을 활용하고 있다. 1차 대전 이후 오스만 제국이 멸망하고 청년 투르크 혁명을 통해 공화국 체제가 들어선 이후 터키는 국가의 지향점을 바꾸었다. 제국을 경험한 후예들이 철저하게 민족국가로 거듭나는 과정에서 터키를 이끈 무스타파 케말 아타튀르크(Mustafa Kemal Attaturk)는 터키가 이슬람과 단절하고 세속주의 공화국으로 국가를 환골탈태시켜야만 생존할 수 있다고 믿었다. 지난 100년 가까운 기간 동안 제국의 흔적을 지우고 민족국가로 거듭났지만, 여전히 세상을 보는 시선에는 지정학적 통찰력이 용해되어 있다. 그리고 이 통찰력이 2002년 AKP 정부 출범 후부터 터키 외교정책에 반영되기 시작했다.

셋째, 터키의 유럽 가입이 난항을 겪으면서 이에 대한 대응으로 새로운 방향 탐색을 시도하고 있다. 냉전기 강력한 서방의 안보 동맹국가로 친미-친유럽 기조를 유지해왔으나 유럽 가입이 좌절되고, 최근 이슬람 정체성의 성향이 강화되면서 전환점을 모색하게 되었다. AKP를 이끄는 에르도안 정부는 중앙아시아와 중동을 아우르는 몸놀림을 보여주고 있다. 이슬람이라는 종교 정체성과 투르크라는 민족 정체성을 결합하는 21세기 오스만의 암시가 담겨 있다. 그동안 터키공화국이 추구해온 세속주의와 서구 추수적인 노선에서 이탈한 형국이다. 정체성의 정치가 가장 극명하게 대외전략 변화를 유도하는 사례라 할 수 있다. 강력한 친미 국가가 반미 집단이 즐비한 중동에서 존재감을 드러내는 일련의 과정은 주목할 만한 가치가 있다.

넷째, 지정학적 상상력을 정책으로 입안, 실행하는 터키 리더십이 관심을 끌었다. 강력한 대중 지지를 바탕으로 AKP 정부는 독자적인 대외정책을 비교적 견제 없이 시행할 수 있었다. 변화는 법과 제도를 통해서 이루어지지만 동시에 이를 추진하는 리더십 변수도 필수적으로 작용한다. 이러한 면에서 터키의 사례는 대외전략을 입안, 기획, 실행하는 리더십이 주요 독립변수로 작동한 중요한 사례다. 2015년 권위주의 통치 행태가 노골화되기 전까지 에르도안 대통령은(당시 수상) 다부토울루 당시 외교장관에게 전권을 주어 터키의 대외전략을 입안, 수행하도록 전폭 지원했다. 강력한 리더십은 내부적 반발을 무력화시키면서 독자적인 대외 노선을 추진하는 원동력이 된다.

2. 에르도안 정부의 지정학적 외교전략 "Strategic Depth"

가. 배경

1) 전환기 국제질서: 정체성의 재인식과 새로운 접근
냉전의 종식은 유럽과 미국이 바라보던 터키의 안보 지정학적 중요성을 감소시켰다. 소비에트의 해체로 나토의 최전선 국가로서의 의미가 격감한 것이다.[14] 반소(反蘇) 동맹의 일원으로 반세기 동안 서방과 군사 협력을 통해 자국 안보뿐 아니라 자유진영을 방어해 온 이력이 중단되었다는 것은 터키가 변화의 기로에 섰음을 의미했다. 터키의 외교정책 수정은 불가피했다. 주적이 소멸된 상태에서 더 이상 집단안보체제의 효용성을 기대할 수 없고, 이에 따라 궁극적인 외교 목표였던 유럽 연합 가입도 불투명해진 상황이었다.

　이념에 의해 나뉘었던 진영론이 해체된 지 10년 후, 전선(戰線)이 모호한 새로운 갈등선이 생성되었다. 9·11을 계기로 헌팅턴이 주장했던 문명과 종교의 갈등담론이 가시화되기 시작했다. 이 담론의 구조로 보면 터키는 더 이상 나토편이라 할 수 없다. 비록 세속주의 케말리즘을 따르고 있다고는 하나 여전히 이슬람권에 속하였기에 오히려 헌팅턴의 담론에 의하면 반대 진영으로 순식간에 편입된 셈이 되었다. 여전히 나토의 회원국으로 남아 있는 터키지만 나토의 방향성이 불확실하고, 그나마 나토 내에서 터키의 존재감이

14　1952년 한국전쟁 당시 터키의 나토 및 OECD 가입은 미국 및 자유진영에게 안도감을 안겨주었다. 이후 1960년대 말에 24,000명에 달하는 미군이 터키 영토에 주둔하며 대소 봉쇄의 축으로 자리 잡았다. William Hale, *Turkish Foreign Policy 1774-2000* (London: Frank Cass, 2000) p. 123.
　1953년 발칸 조약, 1955년 바그다드 조약에 가입, 철저한 대소 봉쇄 동맹의 전진기지가 되었다. 이후 이집트와 이스라엘에 이어서 중동에서 세 번째로 미국의 군사 및 재정 지원을 받는 나라가 되었으며 지정학적으로 전형적인 편승외교를 나타냈다. Kemal Kirisci, "US-Turkish Relations: New Uncertainties in a Renewed Partnership," in Barry Rubin, Kemal Kirisci (eds.), *Turkey in World Politics: An Emerging Multiregional Power* (Boulder, Colorado: Lynne Riensner Publisher, 2001).

약화되던 터였다.

테러와의 전쟁으로 이란, 이라크 및 시리아와 접경하는 터키 남부 및 남동부 지역은 초미의 관심 지역이 되었다. 대소비에트 전선은 해체되었지만 이슬람 세력 특히 과격 테러세력의 전선이 나타난 것이다. 회복의 기미가 보였다. 냉전 종식 후 10년 동안 소원해졌던 미국과의 관계도 복원되는 계기가 되었다.

그러나 터키 내부의 국민 정서는 냉전 시대와 확연히 달라졌다. 일단 유럽 연합 가입이 지속적으로 좌절되면서 반서방-반기독교 감정이 대중들 사이에 확산되었다. 미국의 대테러전에 가담을 하면서도 이슬람 세력과의 분쟁이라는 점에서 냉전기 반공 전선보다는 확연히 부담이 더했다. 특히 내륙 농촌지역 대중들은 점차 이슬람 정치에 대한 정서를 드러내기 시작했고, 이를 기반으로 이슬람계 정당 AKP가 집권하게 된다. AKP는 온건 이슬람 정치를 표방하면서도 지난 100년간 케말리스트들이 지속해왔던 세속주의-친서방 노선과는 결이 다른 대외전략을 준비, 시행한다.

냉전 체제가 붕괴한 이후 지정학적 가치의 격감이라는 변화된 환경 속에서, 다시 국제정치질서의 새로운 판을 바탕으로 존재 가치를 재정립하는 시도를 하게 된다. 더 이상 냉전 진영론 같은 편승은 없으며, 테러와의 전쟁에 적극 동참하되 온건 이슬람과 민주주의를 바탕으로 역내외 영향력을 증진시키려는 전략이 그것이다. 이른 바 "전략적 깊이(심도)" 독트린이다.

2) 내부 정치적 배경: 시급한 통합 과제 대두

냉전기 외부 위협이 상시적으로 지속될 때는 크게 불거지지 않았던 내부의 분열 요인이 냉전 종식 이후 점차 가시화되었다. 보스니아인, 알바니아인, 체체니아인, 알제리 및 조지아인 등의 움직임이 심상치 않았다. 이들 터키 내부 소수민족 쟁점이 점차 정치적 논란으로 등장했으며, 특히 쿠르드 문제는 폭력성이 점차 심화되는 상황이었다. 30년 동안 다양한 폭력 공격으로 3만 명 넘는 누적 사망자가 발생한 쿠르드 문제가 더욱 격렬해지는 것은 터키 안보 문제와 직결되는 상황이었다. 여기에 아르메니아 학살 관련 국제사회의 압박이 점증했다. 그동안 터키를 통치해온 군부 케말주의자들 입장에서는 이들 소수민족은 존재하지 않는 현실이었다. 계속 부정해왔다. 오직 터키인만 있을 뿐이라는 투르크 민족주의의 강경한 소수민족 탄압 정책은 AKP 정부가 들어서면서 재검토되었다.

한편 쿠르드 문제 등 소수민족 문제뿐만 아니라 성속(聖俗) 갈등 문제도 심상치 않았다. 내륙 지방을 중심으로 하는 비도심 유권자들은 이슬람에 급격히 경도되는 현상을 나타내고 있었다. 반면 대도시 및 해안 지방은 세속주의 기조가 대세였다. 민족 갈등과 성속 갈등이 다층적으로 겹치면서 불안정 요인은 점차 사회 균열 요소로 전화(轉化)되어 갔다. 내부 균열이라는 도전에 조응하여 AKP 정부는 민족 갈등과 성속 갈등의 문제를 자유주의적 가치에 의해 해결할 것을 선언하며 대화와 타협을 강조하기 시작했다.

3) 리더십 요인: 다부토울루 독트린

터키의 신외교정책은 AKP 정부를 이끌었던 에르도안 총리의 수석 외교 자문역을 맡은 아흐메트 다부토울루[15]가 주도했다. 2001년 출간된 그의 저작 *Strategic Depth*에 터키 외교정책 방향과 노선이 담겨 있어, 이후 터키의 외교전략을 'Strategic Depth' 독트린 또는 다부토울루 독트린이라 일컫는다. 그리고 이 신외교정책 노선에 새로운 지정학적 해석을 담아낸 것으로 평가되고 있다. 이 책에는 터키가 가진 지리적 힘의 요소뿐 아니라 역사와 문화 그리고 현시대의 복합계 정치로 말미암은 독특한 '깊이'를 외교정책의 핵심으로 삼아야 할 것을 주장했다.

다부토울루가 주도했던 외교정책의 논지는 이렇다. 터키의 과거 외교정책은 일방적 미국/유럽 추수주의에 집중해왔으나 이제 터키는 더 이상 나토의 미국 및 서방과 무조건 협력하고 안보를 보장받는 단순 구조에서 벗어나겠다는 것이었다. 대신 기존의 유럽 지향성을 계속 유지하면서도 다양화하겠다는 노선이었다. 중동과 중앙아시아로 터키의 존재감을 확대시키고, 나아가 아프리카와 미주, 아시아까지 이어지는 전방위적 독자 외교를 펼친다는 것이다.

15　아흐메트 다부토울루는 2002년 AKP 집권 초기부터 레제프 타입 에르도안 수상의 수석 외교 보좌역을 맡아 신정부 외교정책의 대강을 설계하는 역할을 했다. 그는 2009년부터 2014년까지 외교 장관으로 재직하며 터키 외교의 책임 역할을 수행한 후, 2014년부터 2016년까지 집권당 당수 및 수상을 역임하고 에르도안 현 대통령과의 갈등설과 함께 물러났다. 그가 외교보좌역 및 외교장관으로 재직하던 시절의 터키 외교는 전 세계의 이목을 집중시킬 만큼 적극적이었고 그만큼 존재감이 높았다.

이 바탕에는 터키의 역사와 문화가 갖는 '깊이(depth)'가 있으며, 그동안 냉전이라는 거대한 판 위에서 이 '깊이'를 활용할 수 있는 기회가 없었음을 강조했다.[16]

전략적 깊이를 활용하여 터키는 단순히 힘의 우위를 점하는 강대국, 즉 'super power'가 아니라 어디서든 일정한 영향력을 행사하는 'central power'가 될 수 있음을 설명하고 있다. 이 방편으로 국제정치에서 기능적으로 이슈를 선도하는 일종의 중견국 연합체인 'constructive power' 연대를 만들 것을 제안했다.[17] 그는 흔히 인구에 회자되는 '동서(東西) 문명의 교량' 또는 '역사 문화의 허브' 등과 같은 수식어로 터키가 인용되는 데 대한 거부감을 드러냈다. 실제로 터키가 갖는 지정학적 위치가 교량적 기능을 수행하고 있지만, 단순히 정태적인 지리적 존재가 아니라, 터키의 국가 주체가 능동적으로 외교를 수행하는 이미지를 상정하고 싶었기 때문이었다.

그는 현실주의 힘의 논리가 작동하는 기존의 고전지정학의 틀을 부정하지 않으면서도 동시에 그 틀 위에 진보적/자유주의적 가치 요소를 부가할 것을 주장한다. 이른바 터키 소프트파워의 구성 요소들을 제안한 것이다. 주로 평화의 담론, 비제로섬 게임으로서의 상호 호혜적인 교류 협력의 중재자 역할을 터키가 자임한다는

---

16 Ahmet Davutoglu, "Turkey's Foreign Policy Vision: An Assessment of 2007," *Insight Turkey*, Vol.10, No.1 (2008), pp.77-96.

17 터키 학계에서는 중견국 개념을 설명할 때 middle power라는 말 대신 constructive power라는 개념을 선호하는 경향이 있다.

주장이었다. 이는 대항지정학에서 다루는 새로운 프레임이라고까지 할 수는 없지만 고전지정학의 틀에 터키식 변용(modification)을 가해 정책적 함의까지 도출했다는 점에서 주목할 만한 사안이다.[18]

이러한 맥락에서 터키의 신외교정책은 다음과 같이 요약할 수 있다. "기존 나토 동맹체제 유지 – 유럽 지향 – 이슬람 부흥 – 민주주의 제도 견지 – 국제 문제(중동 문제) 적극적 개입"이다. 사실상 이전 정책과 유사해 보이기도 한다. 그러나 중요한 것은 '적극적인 개입(proac-tive engagement)' 부분이다. 특히 복잡하게 얽혀 있는 중동 정세에 적극 개입할 의지를 밝힌 것으로 해석된다. 혹자는 다부토울루가 '신오스만주의(neo-Ottomanism)'의 부활을 추구하는 것 아닌가 하는 비판을 제기했다. 그러나 다부토울루는 영토의 확장과 배타적 정복주의로 귀결되는 공격적 오스만 제국에 대한 향수는 전혀 없음을 강조하면서, 기능적으로 적극적 역할을 국제사회와 공조하며 하겠다는 점임을 주장했다. 오스만의 복원으로 비쳐질 경우, 터키의 기존 헌법이 지향하는 세속주의 및 국민국가주의에 위배되기 때문이었다. 외교정책에 관한 구체적인 내용은 다음과 같다.

18　Bulent Aras, "The Davutoglu Era in Turkish Foreign Policy," *Insight Turkey*, Vol.11, No.3 (2009), pp. 127-142.

나. 내용[19]

1) 목표 및 방향: 분쟁 종식(Zero-problem policy) "peace at home, peace abroad"

터키 AKP 정부의 외교 노선은 평화 담론을 전면에 내세운다. 국제 정치에서 평화는 이미 익숙한 주제다. 그럼에도 불구하고 터키의 외교정책에 담긴 평화 담론은 터키가 평화구축의 적극적 주체가 되겠다는 의지를 반영하고 있다. 즉 국제사회 특히 집단 안보체제에 기대어 평화를 얻겠다는 것이 아니라, 설계자 및 촉진자가 되겠다는 것이며 이를 위해 구체적으로 동맹 회원국으로서의 임무 수행을 넘어서는 역할을 자임한다는 것이다. 그 구체적인 역할 목표를 '분쟁 제로'로 설정했다. 단순히 '단계적 안정화 논의를 통한 장기적 평화 구축'류의 익숙한 개념이 아니라, 아예 구체적이고 선명한 행동 강령이 담긴 목표를 제시했다.

임무 수행의 첫 과제는 국내 갈등 요소 제거, 즉 'peace at home' 이었다. 동시 과제는 'peace abroad' 특히 접경국가와의 고질적 갈등 해소였다. 다부토울루는 국내 갈등 요소 및 접경국과의 갈등을 단계적으로 해소하는 것이 아니라 일거에 해결하는 의지를 밝혔고 당시 에르도안 수상은 이를 뒷받침했다. 국제사회에서 소위 '중심 역할'을 수행하기 위해서 내부 및 접경국가 문제를 안고 갈 수 없음

---

19 본 내용은 다부토울루의 터키 외교정책 강의 및 전문가 인터뷰 내용을 필자가 취합, 요약 정리한 것임.

을 명시적으로 천명한 것이다. 냉전기에는 진영론에 편입되어 인접 국가와의 갈등이나 내부 갈등의 문제를 제어할 수 있었지만 이제 더 이상 갈등을 통제할 장치가 없어졌기 때문이었다.

터키 정부는 분쟁 종식 외교를 수행하는 데 필요한 4대 기둥 을 설정했다. 갈등 내지 긴장 국면을 유지하고 있는 국가들과 1) 안 보의 불가분성(indivisibility of security) 공유, 2) 대화를 통한 해결 (solution through dialogues), 3) 상호의존 경제 구축(economic in-terdepen-dence) 및 4) 문화 협력과 상호 존중(cultural harmony and mutual respect)의 틀을 통해 평화의 방도를 찾아나가자는 것이었 다. 내부의 소수민족 그리고 심한 갈등을 겪어온 접경국과의 문제 를 위의 방법을 통해 해결할 수 있다면 국제사회에 만연한 고질적 분쟁, 범세계적 갈등을 해결하는 데 터키가 기여할 수 있을 것임을 주장했다. 다부토울루가 입안하고 기획한 외교정책의 구체적 실천 방안은 다음과 같이 정리된다.[20]

2) 실천 방법론(Methodologies)

• 평화 담론 비전의 제시
분쟁 종식을 통한 평화 외교의 구체적 실천 방법론으로 다부토울 루는 1) 비전과 2) 시스템 그리고 이를 이행하는 과정에서의 3) 스

---

20   Ahmet Davutoglu, "Turkish Foreign Policy and the EU in 2010," *Turkish Policy Quarterly*, Vol.8, No.3 (2010), pp. 11-17.

타일 등 3가지 차원에서 접근한다. 먼저 분쟁 종식 외교정책 실천을 위해 문제해결 및 현안 추수적 외교정책이 아닌 평화창출 비전 추구의 외교정책으로 설정했다("Visionary" approach to the issues instead of the "crisis-oriented" attitude).

특히 상시적 분쟁이 만연한 중동 외교 부문에 이러한 궁극적 평화 창출은 비전을 중심으로 정책을 펴나갈 것을 밝혔다. 다시 말해, 국제사회가 그 동안 이팔 분쟁, 시리아-레바논 문제, 이라크 종파 갈등 등 주요 분쟁 현안을 다루는 데 있어 상황에 종속되어 극적 전환점을 마련하지 못했다고 보았다. 복잡한 분쟁 구도를 해결할 때, 현안 하나하나를 추수하는 것과 동시에 큰 틀에서 평화의 비전을 제시하는 것이 필요하다는 입장이었다.

중동의 상시적 갈등 및 만성적 사회 분쟁은 서구의 식민 재편 과정의 산물이라는 역사적 원죄가 있으므로, 1차 대전 패전국으로 제국 해체를 경험한 일종의 피해자이자 과거 중동에서 제국적 지위를 누렸던 터키만이 현실에 근거한 비전을 제시할 수 있음을 주장했다. 분쟁의 상흔이 반세기 이상 지속되면서 부정적 이미지와 트라우마가 남은 지역에서 평화의 긍정적 메시지를 선제적으로 제시하면서 평화 담론의 추동력을 얻으려는 시도였다.

• 분쟁 해결을 위한 다양한 층위의 입체적 접근
다부토울루는 한편 분쟁 해결은 특정 지역의 현안으로만 이해될 수 없음을 주장하며 이는 글로벌 이슈인 동시에 지역 현안이라는 복합

적 층위로 접근해야 한다고 보았다. 그리고 행위자 역시 국제사회
는 물론 국가 단위 행위자 및 국경을 넘어서 다국적으로 산재하는
민족 단위 행위자들을 아우르는 다양성에 주목하였다.

이 차원에서 터키는 중앙아시아에 넓게 분포하는 범터키계 디
아스포라를 중시하는 정책을 준비했다. 특히 터키계가 국가의 주류
로 형성된 투르크메니스탄, 우즈베키스탄 및 아제르바이잔과의 협
력 및 연대를 강화 구상을 구체화하면서 정치적 영향력 확대에 나
섰다.

• 소프트 파워 외교 담론 및 실행 기법 구축, 구사
중견국 외교의 특성은 하드 파워, 즉 경성(硬性) 국력을 외교 자원
으로 가동하는 데 한계가 있다는 점과 맞닿아 있다. 군사력과 경제
력으로 대표되는 하드 파워 차원에서 강대국에 비해 경쟁우위 확보
가 어렵기 때문에 중견국은 소프트 파워 및 담론 형성에 더욱 민감
하다.

다부토울루는 터키의 소프트파워 증진을 위한 다양한 자원 발
굴 작업을 추진했고, 이를 통한 매력 확산, 즉 공공외교전략을 구사
했다. 군사력 및 군비증강에 기반한 힘의 과시가 아닌 민간 능력의
함양과 잘 정리된 대민 외교전략에 집중하겠다는 의지를 밝혔다.
특히 앞서 살펴본 분쟁 주요 당사국인 접경국가 국민들에 대해 터
키가 적이나 갈등 세력이 아닌 우호적 동반자라는 인식을 확산시키
는 프로젝트를 가동했다.

3) 단계별 실행 원칙(operational principles)

다부토울루는 소위 분쟁 종식 외교라는 전략적 목표를 달성하기 위해 다음과 같은 실행 원칙을 제시하고 있다.

• 안보와 민주주의의 균형(balance between security and democracy)

중동 지역에서 터키만의 독특한 민주주의 구축에 자부심을 갖고 이를 안보와 연결시키려는 발상이다. 터키는 케말리즘을 바탕으로 군부의 통치가 지속되었지만, 점진적 민주주의를 이루어왔다. 특히 유럽 정체성을 강화시키는 과정에서 시민민주주의가 활성화되고 다양한 요구가 분출되었다.

동시에 냉전기 나토 최전방에서의 소련과 접경, 탈냉전 이후 문명 충돌의 담론, 중동의 역내 불안 및 극단주의 발호로 인한 안보 불안감도 가중되었다. 민주주의 원칙을 견지하면서도 안보 위기와 불안감을 극복할 수 있는 모델로서 터키 외교전략을 궁구(窮究)하려는 시도가 보인다. 즉 일반적으로 안보 위기를 권위주의적 속성으로 지켜내려는 시도가 중동 및 중앙아시아에 빈번했던 데 반해, 터키는 자국의 민주주의 성취를 통해 안정적 거버넌스가 구축되어 안보 강화도 가능할 수 있다는 사례를 제시하려 하였다. 이를 통해 중동 및 중앙아시아 권위주의 국가에 자국의 소프트파워 확산을 진작할 수 있다는 셈법도 있었던 것으로 보인다.

실제로 2011년 일련의 아랍 정치변동(아랍의 봄)이 발생하자 독재 체제의 퇴각 후 이집트 및 리비아 등 권력 공백기를 맞은 국가들은 터키식 민주주의 체제에 대한 선호도가 높았다. 국제사회 역시 중동 및 이슬람권의 역사문화적 맥락과 보편적 민주주의 가치를 동시에 지닌 터키 사례에 관심을 보였다. 미국은 터키 모델의 이슬람권 접합 관련 프로젝트를 추진했던 것으로 알려지고 있다. 실제로 터키 입장에서는 서구 민주주의와는 달리 이슬람 전통을 유지하면서도 국민 대의가 자유롭게 표출되어 정부가 이를 수렴, 정책에 반영하는 자국의 특징을 선전하기도 했다.

• 최우선 현안: 'Zero problem' 통한 전방위 분쟁 종식(Zero problems with neighbors)

터키 외교의 정책 목표이자 수단인 'Zero problem'은 구체적인 실행 원칙으로도 발현되었다. 역사적 분쟁이 상존하고 있고 여전히 갈등의 요인들이 남아 있는 주변 국가와 먼저 경제적 상호의존성을 증대하여 문제를 해소하겠다는 입장을 전제로 한다. 특히 가장 만성적인 분쟁인 아르메니아와의 관계 개선을 위해 특사 파견 및 진상조사를 통한 화해를 시도했던 2009년의 터키 외교는 고무적이었다. 실체적 성과를 얻지는 못했지만 금기시되어 왔던 아르메니아 학살에 관한 의제 제안 자체가 파격이었고, 변화를 예견하게 했기 때문이었다. 역사적 자존심의 문제가 결부될 때 정체성 문제로 비화되며 분쟁 해결은 더욱 어려워진다. 터키 외교가 당시 아르메니아 문제에 대한 전향적 태도를 밝혔던 것은 새로운 돌파구 마련을 위한 시도였던 것으로 평가된다.

접경국가와의 전방위 고위급 전략대화를 시작하면서 국경으로 부터 발원하는 위험 요소를 외교적으로 차단할 것임을 밝혔다. 이라크, 시리아, 그리스 및 러시아와 일제히 고위급 전략대화를 시작했다. 특히 유럽과 나토의 우려 표명에도 불구하고 러시아와 협력을 가시화하면서 논란이 되었다. 무엇보다 에너지 안보 및 군사협력까지 가능하다는 대담한 입장 표명으로 세계를 놀라게 했다.

역사적 구원(舊怨)관계의 아르메니아에 대한 전향적 접근 및 전략적 주적(主敵)관계인 러시아와의 협력 가능성 타진은 바뀐 터키 외교정책의 상징으로 비쳤다. 이는 단순히 두 상징적 국가와의 관계 개선으로만 한정되지 않았다. 만성 분쟁 상태인 사이프러스 문제와 관련하여 유럽 연합의 권고를 수용하겠다는 입장을 천명했고, 여타 접경 국가들과의 전방위적 관계 개선 차원에서 각각 장관급 양자회담에 이어 비자 면제, 관세 면제 협정을 추진했다.

글로벌 이슈와 지역 이슈를 연결하며 평화 중재에 나서겠다는 의욕을 발휘하기도 했다. 대표적인 사례로 이란 핵문제 해결이 난항을 겪자 역외 중견국 대표인 브라질 및 역내 중견국 대표인 터키가 중재를 자임하고 나서기도 했다.

• 중기 현안: 선제적-능동적 평화 외교(proactive, pre-emptive peace diplomacy)

Zero problem 구상은 긴급한 분쟁 현안의 우선 해결을 통해 터키 외교의 운신을 자유롭게 하기 위한 파격적 정책이었다. 국가 간 자존심이 걸린 현안, 즉 역사 관련 사과 여부 및 배상-보상의 문제와 영토 갈등의 쟁점을 파격적으로 해결하겠노라 나서기는 쉬운 일이 아니다. 결과적으로는 여전히 미완의 과제로 남아 있지만, 발상은 창의적이었다. 다부토울루의 관심은 근거리의 문제들을 해결하지 않고서는 터키의 지정학은 계속 국가 전략의 발목을 잡을 수밖에 없다는 데 있었다.

당시 파격적인 Zero problem을 구현함으로써 터키는 지정학적 한계를 극복하고 나아가 역내 주요 행위자로 자리매김하려는 의지를 보인 셈이다. 가장 핵심적인 역내 분쟁이슈인 이스라엘-팔레스타인 갈등을 자국의 외교 어젠다로 끌어왔다. 2011년 이후부터 폭증한 시리아 난민 문제도 터키가 주요 행위자가 되었으며, 이슬람 협력기구(Organization of Islamic Cooperation, OIC)에서 사우디 왕정과 함께 스스로의 위상을 높이려고도 했다.

주목할 만한 사안은 '이스탄불의 부상'이다. 능동적 평화 전파 외교를 모토로 '문명의 수도 이스탄불' 프로젝트를 가동했다.[21] 이스탄불을 국제분쟁 해소, 문화 협력, 종교 간 대화를 위한 허브로 육성해 뉴욕과 제네바에 필적하는 국제도시화 하려는 의지가 반영된 정책이다. 실제로 시리아 문제 등을 비롯해 다양한 협의체가 이스탄불

---

21 이스탄불은 과거 동로마제국의 수도였고 후일 오스만 제국의 수도를 거치면서 기독교 문명과 이슬람 문명의 문화적 정수를 공유하고 있는 곳이며, 이슬람 세속주의와 전통주의, 기독교 문화가 공존하는 도시로 이러한 특성을 극대화하여 외교적 자산으로 활용하려는 의도가 엿보임.

에서 가동되었다.

터키가 이스탄불을 문명의 수도로 내세우며 소위 국제 평화 및 문명 연대의 허브로 만들려는 발상은 이스탄불이 갖는 역사성과 문화적 다양성 때문이었다. 오스만 제국의 붕괴 이후 사라진 제국의 수도로 역사 관광도시로 남았던 이스탄불을 외교 무대의 중심으로 만들고자 했던 시도는 주목을 받았다.

- 장기 현안: 입체적-다차원의 외교정책(multi-dimensional foreign policy)을 통한 자율성 확보 및 영향력 확대

접경국가와의 파격적 평화협상 및 역사문제 해소, 그리고 이를 통한 선제적, 능동적 역내 평화외교로 존재감을 드러내는 과정을 거쳐 터키는 글로벌 무대에서 외교 자율성을 확보하기 위한 전략 구도를 내세운다. 나토와의 고전적 전략동맹 강화를 전제로, 러시아와도 필요한 선린우호 정책 강화 방침을 천명한다.

이는 분쟁과 갈등의 다차원에서 입체적으로 움직이면서 평화를 추구하고 중재에 나서겠다는 의도로 설명된다. 이면에는 미국 추수 외교를 벗어나서 일정 정도 자율성을 확보함으로써 외연을 확장하려는 의도도 담겨 있었다. 본격적 중견국 외교의 핵심 어젠다를 담으려는 시도도 이러한 맥락을 반영하고 있다.

강대국의 패권적 외교 질서를 탈피하고 중견국으로서의 영향력 신장을 추구하는 과정에서 터키는 이른바 '신동방정책(New Look East)'에 나선다. 주로 중동과 중앙아시아를 영향력 확장의 공

간으로 삼았다. 기존의 유럽 노선은 외교 기축으로 유지하되, 존재감 고양 및 영향력 확장은 동진을 통해 시현하려는 의도였다. 즉 케말 이후 세속화 기조, 그리고 냉전기 자유진영의 전진기지 역할을 했던 친서방 노선을 재평가하고 새로운 병진 노선을 만들어 낸 셈이다. 중동에서는 수니파 이슬람 연대 일환으로 종교 정체성 기반을 내세워 진출을 확대했다. 더불어 이팔 분쟁에서 강력한 반이스라엘 선두주자 역할을 자임함으로써 아랍 세계의 지지를 획득했다. 중앙아시아에서는 범투르크 민족 간 느슨한 연대에 시동을 걸었다.

이러한 일련의 전략을 다부토울루는 '리듬을 타는 외교(rhythmic diplomacy)'로 칭하며 전방위적, 다층적 외교 노선을 발굴하려 했다. 유엔 안보리 비상임이사국으로서의 역할 증대, 중견국의 입지를 활용 유연한 외교, 중재자적 외교전략 추구, 그리고 글로벌 포럼 외교에서의 다양한 터키의 강점 시현 등을 그 예로 들 수 있다.

3. 평가

가. 긍정적 측면

1) 지정학적 상상력과 재해석

터키는 자원부족, 냉전기 유지되었던 전략적 가치 상실, 유럽 연합 가입 지지부진, 러시아 위협 상존 및 인근 국가와의 만성적 갈등 지속 등 외교적 부담(liability)이 많은 국가이다. 무엇보다 오스만 술

탄 제국의 영화(榮華)에 대한 향수를 여전히 간직하고 있는 대중들도 적지 않아 지방의 이슬람 성향 국민들의 경우 박탈감과 피해의식도 만연했다. 이러한 상황에서 에르도안의 AKP 정부가 등장하자 이슬람 성향을 가진 지방의 보수적 국민들은 열광했다.

케말리즘의 대의를 이어나가면서도 이슬람의 이념을 복구하겠다는 AKP의 외교노선은 획일적인 유럽 추수 및 나토의 충직한 회원국으로 국한된 터키의 존재감을 새롭게 하는 상상력으로 이어졌다. 이는 AKP 지지층을 결집시켰고, 대외정책에 있어서의 터키의 자존감을 고양시키는 효과를 낳았다. 국민들 다수의 지지를 확보할 수 있었다.

에르도안 정부가 다부토울루의 이론을 바탕으로 새로운 외교정책 시행을 통해 공격적이고 적극적인 외교를 수행할 수 있었던 배경에는 국민 다수의 전폭적 지지가 있었다. 물론 냉전시대 기존 친서구적-편승 외교 기조를 지지하는 군부-세속주의 세력 입장에서는 불편한 방향 전환이었다. 하지만 어쩔 수 없이 케말리즘에 동의하면서도 이슬람 정서를 억압하고, 과도한 친미-친유럽 정서에 거부감을 가진 대중들의 표심이 작동하였기에 여전히 고전적 대외정책을 지향하는 기존 군부 딥스테이트(deep state) 세력은 AKP 정부에 저항하기 어려웠다.

물리적 환경의 변화가 없고, 오히려 대내외적 환경이 위협요인으로 작동할 만한 상황에서 리더십의 방향전환과 비전의 제시는 전향적인 결과를 이끌어냈다. 터키의 새로운 면모를 보여주는 것이었고, 이에 대한 대중들의 자부심과 지지는 높아졌다. 객관적 상황의 변화 없이 의미 부여를 통한 외교의 질적 변화는 이후 에르도안의 정치적 자산으로 오랫동안 남게 되었다.

2) 역설적 자산의 발굴 및 활용

다부토울루가 주도한 AKP 정부의 외교정책이 보여준 긍정적 측면은 한마디로 터키의 지정학적 재해석을 통해 상기 외교적 부담(liability)들을 외교적 자산(asset)으로 바꾸어냈다는 점이다.

첫째, 여타 중동 국가처럼 석유나 천연가스가 생산되지는 않지만, 냉전 종식 이후 자원 공급처인 중앙아시아와 최대 소비시장 유럽을 잇는 파이프라인 프로젝트를 전면 가동했다.

둘째, 대소비에트 안보 전진기지로서의 중요성은 상실되었으나, 오히려 대테러전에 있어서 가치를 급등시켰다. 나아가 문명 교류의 허브를 구축, 평화 진작의 주역으로 스스로를 규정했다.

셋째, 유럽 연합 가입이 난망함에도 가입을 계속 추진함에 따라 유럽 측에는 일정 정도의 부담을 주면서, 터키는 전방위 외교를 통해 중동과 중앙아시아로 외교 자산을 투사하는 기회를 만들어냈다. 아르메니아, 러시아, 이라크 등 만성적인 갈등관계였던 접경국가와의 분쟁 부담도 적극적으로 해소하려 나섰다. 한마디로 1차 대전 이후 백년 가까이 서구 따라 하기에 몰두했던 기존의 대외정책에 일대 혁신을 가져온 셈이라 할 수 있다.

외교전략을 구성함에 있어 가지고 있는 자산 및 장점을 극대화하는 것은 상식적이다. 상식을 넘어서는 발상의 전환은 약점을 강점으로 치환하는 데 있다. 그리고 이러한 파격은 새로운 외교적 공간을 만들어낸다. 터키는 비산유, 안보상황 재편, 그리고 유럽 피로 현상 등 도전 요인들을 외교적 상상력의 창출공간으로 바꾸어냈다. 단순히 상상과 사유의 영역을 넘어서 구체적으로 정책 이행의 방안들까지 모색하게 된 것은 조직의 혁신과 정치적 후원이라는 배경이 있었다.

3) 조직문화의 혁신

단지 구호로만 그친 것이 아니라 다부토울루는 에르도안에게 전권을 위임받아 2009년 외교부 장관 취임 직후부터 부처 직제 자체를 'Zero-problem'을 위한 조직으로 전면 조정했다. 정책조정실을 강화하여 본부 및 공관에 근무하는 외교관들 중 가장 우수한 평가를 받은 인력을 선발 배치했다. 이들은 일반적 외교 활동에서 분리되어 치열한 토론과 구상을 통해 창의적인 외교전략과 실천 방안을 입안하는 자유로운 조직 근무가 허용되었다.[22] 인사관리에 관한 사안들은 구체적으로 공개되지 않았지만 조직 혁신을 통한 외교전략 변화의 기틀 마련의 기조는 알려져 있다. 미국, 유럽 및 나토의 틀 안에서 예측 가능했던 기존 외교의 시대가 아니라, 직접 공간을 만

---

22   Bulent Aras, "Reform and Capacity Building in the Turkish Foreign Ministry: Bridging the Gap between Ideas and Institutions" *Journal of Balkan and Near Eastern Studies*, 17-3 (2014), pp. 269-285.

들고, 이슈를 주도해가야 하는 외교 독트린의 산물이었다.

나. 부정적 측면

1) 개인 주도의 한계 노정

결과론적으로 현재 터키의 Zero-problem 정책은 성공하지 못했다. 2002년 AKP 정부 등장 직후부터 2013년까지는 성공적인 외교정책으로 찬사를 받았으나, 2013년을 변곡점으로 이후 혼란 국면이 전개되었고, 2016년 개헌 이후에는 완전히 의미를 상실했다는 평가를 받고 있다. 이후 터키 외교는 오히려 퇴행적이고 비논리적인 행태를 보이고 있다.

이유는 국내에서 에르도안의 권위주의 가속화 현상, 국제 측면에서는 아랍의 봄 이후 중동의 불안정성 증대를 들 수 있다. 대중의 지지가 고정되면서 에르도안은 다양한 스캔들에도 불구하고 점차 권력을 강화해나갔다. 특히 2013년 이란 제재 국면에도 불구하고 이란과 비밀 거래 스캔들이 발생하자 에르도안은 이를 귈렌 운동(Gülen Hareketleri) 세력이 정부를 공격하기 위해 악의적으로 폭로한 것으로 규정, 자국 내 귈렌파 인사들에 대한 강력한 탄압을 가했다.[23] 이슬람과 민주주의의 터키식 공존 모델을 고안, 주도했던 귈

23　페트훌라 귈렌(Muhhamad Fethullah Gülen)은 터키의 교육사상가이자 사회운동가로 에르도안과 정치적 동지관계를 형성, AKP 운동을 주도했으나 이후 정치적 견해 충돌(에르도안의 권위주의화 관련)로 귈렌 추종자들의 대대적 검속에 나서면서 결별하게 됨. 현재 미국에 체류 중인 귈렌의 신병인도와 관련 미국과 터키 정부 간 마찰이 지속되고 있음.

렌파가 동지였던 에르도안과 대립하고 정부의 탄압을 받으면서 기존의 외교정책 노선도 흔들리게 된다. 에르도안은 이후 강력한 권위주의 행태를 노정한다.

　정치 리더십의 권위주의 행태가 가속화될 경우 중견국 외교의 필요조건인 '가치'의 힘이 상쇄된다. 다부토울루 독트린의 실행 원칙 중 하나가 안보와 민주주의의 균형이었고, 터키 소프트 파워의 핵심이 바로 역내 민주주의 선도국이라는 자부심이었다. 강대국의 영향력이 압도하는 세계에서 중견국이 그 힘을 견제하고 때론 협력하면서 중재적 역할을 자임하려면 '가치'는 매우 중요한 수단이자 도구이다. 더욱이 '평화'를 전면에 내세우면서 비전을 창출하고, 이를 통한 소프트 파워 확산에 주력해왔던 터키로서는 정반대의 노선으로 전락한 모양새를 나타냈다. 에르도안의 권위주의화는 터키 소프트 파워를 약화시키는 방향으로 전개된 셈이다.

2) 종교적 경직성 증폭

외부 요인의 부정적 영향은 아랍의 봄 이후 극도의 혼란이 중동을 강타하면서부터 나타났다. 무엇보다 기존 수니파 아랍 공화국 정부들이 연속적으로 무너지면서 나타난 공백상태에서 터키는 이슬람 강경세력을 지원하면서 문제가 가중되었다. 사실 아랍의 봄 직후 아랍 국가의 일반 대중들은 에르도안을 연호했다. 아랍 각국 비공식 여론조사에서 해외지도자 중 누가 자국의 지도자로 적합한가를 물었을 때 압도적 다수가 터키의 에르도안 지지를 표명할 때였다. 그러나 터키는 자신들이 홍보하고 전파했던 '온건 이슬람과 민주주의의 공존 모델'과는 상치하는 무슬림 형제단 등의 이슬람 강경세력을 지원했다. 특히 이집트와 시리아에서 문제가 증폭되었다. 무슬림 형제단 정부를 붕괴시키고 집권한 이집트의 엘시시 정부는 터키를 강하게 비판했고, 시리아 무슬림 저항세력을 지원한 터키의 화기가 극단주의 세력에게 공급되면서 국제사회의 비판에 직면했다.

여기에 시리아 사태 악화, 알카에다 및 누스라전선(후일 ISIS까지) 준동, 이란 핵문제 등이 겹치면서 다부토울루가 이끄는 외교 라인의 'Zero-problem' 정책이 작동하기 힘든 상황이 조성되었다. 당시 터키 다수 대중들의 이슬람 지지 확산에 고무되었던 에르도안 정부가 이슬람 지향성을 과도하게 강하게 나타낸 결과였다.

냉전의 경직된 외교에서 탈피하여 유연성과 탄력성 추구를 전제로 설계된 외교 노선이 아랍의 봄으로 인해 의외의 이슬람 경직성을 노정한 것이다. 접경국가와의 의욕적인 평화 정착 추구는 긍정적인 시도였으나, 상황이 악화되었을 때 이를 탄력적으로 대응하지 못하고 특정 종교 이념에 집착하는 행태를 보임으로써[24] 2013년까지의 성공적 궤적을 계속 이어가지 못했다는 평가가 우세하다.

---

24   이 과정에서 에르도안과 다부토울루 간 갈등이 발생했다는 설이 있다. 학자 출신인 다부토울르는 최대한 실용적 입장을 견지하려 했으나, 에르도안은 일인 권력을 강화해 나가면서 다부토울루의 타협적 외교를 거부하고 자신의 원리원칙을 고수했던 것으로 보인다.

3) 역할 규정의 실패

중견국 외교의 핵심은 강대국 외교의 패권적 만용의 부작용을 배제하고 빈 공간을 찾아내어 새로운 역할 및 어젠다를 주도하는 데 그 본령이 있다 할 것이다. 터키는 주변 국가와의 화친 그리고 입체적이고 다양한 구도를 바탕으로 새로운 외교의 지평을 열려 했다. 이는 중견국 외교의 중요한 토양이 될 수 있다.

그러나 구체적인 역할을 규정함에 있어 이후 터키는 과도하게 확장된 역내 패권을 구상하기 시작했다. 중재자로서 강대국과 약소국을 아우르며 갈등 완충 및 협력 촉진자로서의 역할을 초기부터 명확히 설정하고 장기적인 안목으로 외교정책을 펼쳤어야 했다. 결국 상상력을 발휘, 역설적 자산의 활용을 통한 외교의 탄력성은 높였지만 역할 및 어젠다 구성에서 아쉬움을 남기게 된다.

무엇보다 시리아 내전 및 대ISIS 작전을 전개하는 과정에서 터키는 정제된 정책 이행 없이 좌충우돌하는 모습을 나타냈고, 이는 내외의 터키 대외정책 신뢰도를 떨어뜨리는 결과로 귀결되었다. 특히 러시아 전투기 영공 침범 사건 관련 격추 이후 대러관계의 급변, 대테러전에서 공을 세운 쿠르드 민병대 YPG 관련 미국과의 갈등 등을 노정시키면서 역내 안정적 주요 행위자의 이미지에 오점을 남겼다.

IV. 결론: 한국 외교에의 시사점

오스만 제국 몰락 이후 초지일관 세속주의-친서방 노선을 견지해 왔던 터키는 유럽과 소비에트 사이에서 냉전기 갈등의 최전선에 있었다. 몰락한 제국의 잔존 세력이라는 박탈감과 무력감을 극복하기 위해 유럽에 편입되려 한 케말리즘은 AKP의 등장과 함께 점차 약화되었다.

AKP 집권 이후 터키는 유럽과 아시아, 이슬람과 기독교, 지중해와 흑해 그리고 중동과 서방을 잇는 교점으로서의 지정학을 십분 활용하기 시작한다. 중간자적 위치에서 주변을 아우르며 존재감을 드러내려 했다. 그리고 이 과정에서 그간 부담으로 존재했던 역사적 상흔과 분쟁의 요인들을 오히려 자산으로 이용한다. 역설적 자산의 활용 사례를 보여준다. 이 모든 과정을 실무적으로 기획 실행한 이가 다부토울루 전 총리다.

비록 에르도안 정부의 일탈로 인해 2016년 이후부터 터키의 비전 외교는 더 이상 찾아보기 어렵게 되었지만 여전히 터키가 지정학을 역동적으로 활용하며 변화를 추구했던 궤적은 선명하게 남아있다. 중견국으로서 활동 공간 확장을 위해 진력했던 다부토울로의 노력은 평가받을 만하다. 이상이 현실을 앞서게 됨에 따라 괴리 현상이 나타나기도 했고, 결국 권위주의로 전화되었지만 방향과 시도는 적실성이 있었다.

한국 외교전략을 구성함에 있어 터키의 사례는 어떤 의미가 있을까? 왜 한국 외교전략, 특히 중견국 외교를 점검함에 있어 터키의 지정학과 이를 바탕으로 했던 다부토울루의 외교정책을 들여다보아야 할까? 단순히 6·25 참전 이후부터 형제국가라 서로를 친근하게 여겨온 돈독한 양국관계 때문이 아니다. 지정학적 측면에서 한국과 터키는 비교론적 시사점이 있다.

지리적 위치로 볼 때 터키는 나토 회원국으로서 냉전 체제하에 오랜 숙적이었던 러시아와의 안보 대립 구도를 형성하고 있다. 그러나 동시에 러시아와의 상호 경제 의존도는 높은 수준이며, 최근 중동 역내 질서 변화와 맞물려 정치적인 협력 관계도 만들어지고 있다. 이는 동북아시아에서 한국과 중국 관계와 일부 유사한 측면이 있다. 정치적으로는 일정 정도 거리가 유지되지만, 경제적 협력 구도는 깊어지는 가운데, 안보 구도에서 적대국에 가까운 접경 강대국을 어떻게 인식하고 상대할 것인가에 관한 고민이 담겨 있다.〈표 1〉은 한국과 터키의 외교 지향점을 간략히 드러내고 있다.

이와 같은 비교론적 함의를 배경으로, 한국 외교에 있어서 터키 다부토울루 독트린이 갖는 시사점은 아래와 같이 정리해볼 수 있다.

첫째, 지정학적 불리함은 결코 절대적 제약 조건이 아닐 수 있음을 시사한다. 불리한 조건을 역설적 자산으로 승화시켰던 사례라 할 수 있다. 터키의 지정학과 한반도의 지정학 조건은 지리적, 역사적 맥락상 상이하지만 동시에 유사점도 있다. 강대국과 접경하면서 발생하는 역학관계에 영향을 받을 수 있는 조건이다. 만성적 분쟁이 만연한 지역이기도 하다. 중동에서는 상시적 분쟁이 지속되고 있으며, 한반도 역시 분단구조 속에서 오랜 갈등이 지속되고 있다. 그럼에도 불구하고 터키 외교가 2003년부터 2016년까지 주목받았던 이유는 불리한 조건을 오히려 외교 자산으로 전환시키는 상상력에 있었다.

한국의 분단 상황 및 동북아 정세의 불리한 외교조건을 극복하기 위해서는 익숙한 국제정치 이론에만 국한되지 않아야 한다. 강대국의 치열한 역학관계를 활용하여 외교적 공간을 더 확보할 수 있는 방안은 무엇인지, 그 전략은 어떻게 구성되는지를 터키의 사례를 통해 유추해 볼 수 있다.

둘째, 접경국가와의 고질적 갈등 해소를 최우선으로 삼았다는 점은 시사하는 바가 크다. 터키는 접경 강대국이자 최대 안보 위협이었던 러시아와는 일정 정도의 현상 유지를 펴면서, 여타 인근 국가들과는 무조건적 평화 드라이브를 추진했다. Zero problem의 핵심은 역사적 갈등관계를 유지하고 있는 접경국가와의 갈등을 전향적으로 해소하지 않고서는 계속 외교력 소진에 시달릴 수밖에 없음을 인식한 결과였다. 특히 아르메니아 및 사이프러스 문제 등 역사, 영토 분쟁이 겹친 이슈로 인한 피로를 해소하려는 노력에 주목할 수 있다. 물론 계획했던 것만큼 성공적이지는 못했고 여전히 아르메니아 문제는 갈등 국면이 유지되고 있다. 하지만 교착 상황을 돌파함으로써 전반적인 터키 외교의 공간을 확장하려 했던 시도만큼은 신선했고 높게 평가받을 만하다. 미중 갈등에서 표출되듯, 국제질서의 구조적 변화 국면에서 우리는 한중관계를 어떻게 설정해야 하는지 고민하게 하는 지점이다. 동시에 최근 악화 일로를 걷고 있는 한일관계 차원에서 우리에게도 시사하는 바가 크다.

셋째, 전권이 주어진 외교 리더십이 국가 외교전략을 주도하면서 변화의 단초가 일어났다는 점이다. 다부토울루는 에르도안으로부터 외교 관련 전권을 부여받고 터키 외교전략의 기초를 재설계했다. 정통 관료가 아닌 학자 출신으로 자신의 국제정치 이론을 현실 세계에 투영하면서 체질의 근본적 변화를 추구했다. 경로의존성이 높아 비전추구보다는 현실적 선택지를 추구하는 경향이 있는 관료 사회는 다부토울루의 개혁정책이 부담스러웠다. 실제로 매끄럽지 못한 정책 이행의 사례도 있었다. 그러나 관료들과의 마찰 및 일부 부작용에도 불구하고 국가 전략의 창의성을 중시하고, 이를 변혁적인 측면에서 정책으로 만들어냈다는 점은 평가받을 만하다. 관성적 외교정책을 탈피하며 타성을 깰 수 있는 기회가 되었다.

다부토울루 독트린과 그의 외교정책은 선출된 권력으로부터 외교정책 전권을 위임받아 자율적 공간을 활용할 수 있는 각료의 존재가 보여준 대표적 변화의 사례라 할 수 있다. 물론 정책 집행 과정에서 부작용과 저항도 많았고, 현실을 도외시했다는 비판도 많았기에 이후 동력이 상실된 것도 사실이다. 정부의 권위주의 성향이 강화되면서 다부토울루의 외교 비전은 더욱 약화되었다. 이후 에르도안이 직접 외교정책을 제어하고 있다.

한국의 외교정책 비전 수립이나 결정 과정과 대비하여 볼 때,

장관의 자율성과 책임성을 제고하는 방향을 고민해 볼 여지가 있다. 한국 외교정책에 있어서 분단관리 외교, 즉 주변 4강외교 및 대북 정책이 최우선적 고려사항이고 외교, 국방, 통일부가 함께 조율하며 정책 결정이 이루어지는 구조라 외교 자율성 획득이 쉽지 않은 것이 사실이다. 그러나 대외 의존도가 높고 무역에 의해 국가경제 기반이 유지되는 한국 외교에 좀 더 많은 권한 이임 및 이를 통한 자발적 공간 확장의 여지를 주는 것도 고려해볼 필요가 있다.

넷째, '가치'로부터 멀어지면 중견국 외교의 주요 자산 및 활동 공간을 잃는다는 것을 보여주었다. 다부토울루 독트린이 작동하던 시기 터키 외교의 매력적 요소는 이슬람국가이면서도 민주주의와 세속주의를 조화시키고 있다는 점이었다. 그러나 AKP 정부의 권위주의가 가속화되면서 민주주의적 요소가 탈색되었고 중동 내 여타 권위주의 정권의 행태와 다르지 않게 되었다. 이에 따라 터키의 소프트 파워는 하락하고 있다. 터키 지정학의 다른 핵심이 동양과 서양의 화합, 이슬람과 기독교의 공존, 유럽과 아시아의 교량, 그리고 이스탄불의 문명 화합 등이었는데, 이슬람 권위주의가 짙어지면서 배타성이 나타나고 있다. 그리고 소수민족인 쿠르드에 대한 압박도 한층 강화되었다. 이는 향후 MIKTA 프로세스의 민주주의 원칙 대의와 상충되는 것이며, 향후 운용 방안 재검토 논의가 필요할 것으로 보인다.

이처럼 지정학적 환경을 배경으로 창의적, 적극적 외교전략을 펼쳤던 터키의 다부토울루 독트린은 실효적 성과를 거두지 못하고 축소, 폐지되었다. AKP 정부의 대중 장악력은 강해졌을지 몰라도, 국제사회에서 터키의 영향력 역시 동반 하락했다. 그러나 역설적 자산의 활용, 상상력의 발휘, 강력한 외교 리더십 등으로 변화를 시도했던 터키의 외교정책 사례는 여전히 의미 있는 시도로 남아 있다.

참고문헌

Agnew, John. Mastering Space: *Hegemony, Territory and the International Economy.* London: Routledge, 1995.

_____. *Geopolitics: Re-visioning World Politics.* London: Routledge, 1998.

_____. "Classics in Human Geography Revisited," *Progress in Human Geogpraphy,* 27-5. 2004.

Aras, Bulent. "The Davutogle Era in Turkish Foreign Policy," *Insight Turkey,* 11-3, 2009.

_____. "Reform and Capacity Building in the Turkish Foreign Ministry: Bridging the Gap between Ideas and Institutions," *Journal of Balkan and Near Eastern Studies,* 17-3, 2014.

Barkey, Henry. "Turkey and the Arab Spring," *Special Report Series,* Carnegie Endowment for International Peace, 2011.

Brezinski, Zbignew. *The Choice- Global Domination or Global Leadership.* NY: Basic, 2004.

_____. *Three Presidents and the Crisis of American Superpower.* NY: Basic, 2007

Costachie, Silviu. "German School of Geopolitics: Evolution, Ideas, Prospects," *Revista Romana de Geografie Politica,* 12-2, 2011.

Davutoglu, Ahmet. "Turkey's Foreign Policy Vision: An Assessment of 2007," *Insight Turkey,* 10-1, 2008.

_____. "Turkish Foreign Policy and the EU in 2010" *Turkish Policy Quarterly,* 8-3, 2010.

Geyer, Michael and Bright, Chrles. "Global Violence and Nationalizing Wars in Eurasia and America: The Geopolitics of War in the Mid-Nineteenth Century," *Comparative Studies in Society and History.* 38, 1996.

Grygiel, Jakub. *Great Powers and Geopolitical Change,* Baltimore, MD: Johns Hopkins University Press, 2006

Hale, William. *Turkish Foreign Policy 1774–2000.* London: Frank Cass, 2001.

Huntington, Samuel P. "The Clash of Civilization," *Foreign Affairs,* 72-3, 1993.

Kaplan, Robert D. *The Revenge of Geopgraphy.* NY: Random Hose, 2012.

Parker, Geoffrey. *Geopolitics: Past, Present and Future.* London: Pinter, 1998.

Parker, Noel. "Empire as a Geopolitical Figure," *Geopolitics,* 15-1, 2010.

Rubin, Barry and Kirisci, Kemal (eds.) *Turkey in World Politics: An Emerging Multiregional Power.* Boulder, Colorado: Lynne Riensner Publisher, 2001.

Rupp, George. *Globalization Challenged.* NY: Columbia University Press, 2006.

Smith, Laurence C. *The New North: The World in 2050.* London: Profile, 2011.

Spykman, Nicolas. *America's Strategy in World Politics: The United States and the Balance of Power.* NY: Harcourt, Brace and Company, 1942

Taylor, Peter J. *Political Geography.* 2nd ed. Harlow, England: Longman Scientific and Technical, 1986.

제3장   한국 외교전략 재구성을 위한
         한-아세안-오세아니아 삼각협력의
         지정학

이재현(아산정책연구원)

I. 서론

글로벌 차원의 미국과 중국이라는 강대국 전략 경쟁, 그리고 유럽에서 푸틴 러시아의 재부상 등으로 지정학의 시대가 회귀하고 있다는 주장이 있다.[1] 냉전의 종식 이후 사라질 것만 같았던 국가 간 군사적 충돌 가능성의 고조도 이런 주장에 힘을 보태고 있다. 러시아의 우크라이나 무력 합병, 남중국해에서 미국과 중국 사이의 군사적 충돌 가능성 제고 등은 모두 이런 방향을 가리키고 있다. 지정학적 관점의 강화는 사실 한반도에서는 그리 낯선 상황은 아니다. 어쩌면 한반도는 늘 지정학적 관점에 의해서 지배를 받아왔다. 남북분단 구조가 미소 냉전의 지정학적 전략에 의해서 더욱 고착화되고 이후 한반도를 둘러싼 지정학적 관점이 이미 우리 사고에 깊게 뿌리내렸기 때문이다.

지정학(geopolitics)은 전통적으로 강대국의 전략을 합리화하고 강화하는 수단이었다. 전통지정학의 뿌리가 독일, 영국, 미국에 있다. 적어도 지정학적 관점 자체는 중립적일 수 있으나 이런 관점들이 국제정치나 대외정책과 만나 지금까지 발현된 바로는 중립적이

---

1   대표적으로 Walter Russell Mead, "The Return of Geopolitics: The Revenge of the Revisionist Powers," *Foreign Affairs*, 69 (2014). 헨리 키신저의 World Order 역시 이런 연장선상에서 구체적으로 중국, 이란, 러시아 등을 이런 현상변경세력(revisionist power)으로 인식하고 있다. Henry Kissinger, *World Order* (New York: Penguin Press, 2014). 지역적으로 아태 지역, 특히 남중국해에 초점을 두면 Robert D. Kaplan, Asia's Cauldron: *The South China Sea and the End of a Stable Pacific* (New York: Random House, 2014) 역시 이런 연장선상에 있다.

기 어렵다. 강대국이 지배하는 국제관계에서 지정학적 사고방식은 강대국의 이익을 위해 봉사해왔고, 그런 방향으로 구성되어 왔다.

현실주의적 관점에서 볼 때 자신에 대한 보호와 힘의 강화라는 이익 극대화를 추구하는 것은 문제가 없다. 문제는 다른 국가, 특히 강대국이 자신의 이익을 극대화하기 위해 만들어 놓은 강대국 지정학적 관점을 통해서 한국의 상황과 주변을 인식하는 것이다. 이런 강대국 관점의 지정학적 인식은 한반도 분단 상황으로 인해 지속적으로 강화되어 왔고, 우리의 사고를 지배하고 있다. 이런 인식에 기반을 두어 한국의 대외정책, 지역정책이 형성되어 왔다. 이런 지정학적 인식은 한국의 국가 이익에 크게 도움이 되지 않는다.

이 글은 지금까지 한국의 대외정책과 한반도, 그리고 한반도 주변을 인식하는 데 막대한 영향을 미쳐왔던 전통적 지정학적 사고방식에 대한 비판으로부터 출발한다. 특히, 한국의 지역정책과 한반도 인식에 나타난 대표적인 두 가지 사고방식, 즉 강대국 사대주의와 동북아/한반도 중심주의에 대한 비판으로부터 시작한다. 이를 통해 한국의 대외전략 사고를 지배해왔던 전통지정학으로부터 탈피를 꾀한다.

이어 III절에서는 강대국 관점을 벗어나 중소국가로서 한국의 위치를 인식하고 새로운 대안지정학적 공간과 질서를 창출하는 방안을 찾아본다. 여기서는 한국과 아세안 국가, 그리고 오세아니아 간의 중소국가 3각 연대를 주장한다. 이런 대안지정학적 시도의 성공적 형성과 공고화를 위해서는 이 대안이 한국뿐만 아니라 파트너

국가들의 이익에도 봉사해야 한다. 그러므로 이 잠재적 파트너들이 가지고 있는 인식과 전략, 특히 전통지정학적 관점에서 이들 국가들이 가지고 있는 전략적 우려를 확인해야 한다. 대안적 지정학의 구상은 한국뿐 아니라 파트너 국가들의 전략적 우려를 효과적으로 해소해 파트너들의 이익에도 봉사할 때 형성될 수 있다.

마지막으로 IV절에서는 구체적으로 이들 협력 대상과 어떤 전략적 연대를 어떻게 구성할 것인가가 논의되어야 한다. 무엇보다 지금까지 한국 외교가 새로운 지정학적 공간을 함께 구성할 대상인 아세안, 호주 등에 대해서 어떤 정책을 취해왔는지 볼 필요가 있다. 새로운 접근법의 구성은 이 비판에서 시작해야 한다. 그리고 새로운 시도를 통해서 (신남방정책) 혹은 기존의 협력 기제(한-호 2+2)를 통해 어떻게 구체적인 협력을 시작하며 무엇을 만들어낼 것인지 방법론을 제시할 것이다.

II. 전통지정학에 따른 한국 지역 외교정책 비판

1. 한국을 둘러싼 강대국 지정학 담론

한국에게 익숙한 전통지정학의 관점 중 하나는 해양세력(sea power)과 대륙세력(land power)의 구분이다.[2] 이런 전통지정학 관점을 통해서 우리는 강대국들의 전략과 그들의 행위를 이해할 수 있다.

영국을 누르고 새로운 해양세력으로 부상한 미국, 경제력과 군사력 상승 이후 바다로 진출하려는 중국의 의도, 이를 저지하고 해양에서 우위를 유지하려는 미국의 전략은 이런 관점으로 이해할 수 있다.

반면, 이런 전통지정학적 관점이 한반도를 이해하는 데 적용이 되면 한반도는 강대국의 전략의 한 부분으로 편입된다. 즉, 반도라는 지형적 특징을 가진 한반도는 해양세력과 대륙세력이 만나는 지점이다. 해양세력이 대륙으로 진출하려는 교두보가 되고, 반면 대륙세력이 해양으로 나오려는 출구가 된다. 강대국이 늘 지나가려 하거나 자신의 세력권으로 삼으려는 지역으로 한반도는 인식된다.[3] 한국전쟁은 대륙세력인 러시아 혹은 구소련과 해양세력인 미국이 충돌한 지정학적 현상으로 이해된다. 한국과 북한으로 분단된 한반도 상황을 둘러싸고 벌어지는 중국과 미국의 관점 차이, 전략 경쟁, 상호 견제도 이런 관점에서 이해된다.

비단 이런 지정학적 관점은 현재뿐 아니라 과거 역사에도 거슬러 투영된다. 대륙세력인 명과 청의 한반도 진출, 그리고 해양세력이라 할 수 있는 일본의 한반도 진출도 이런 전통지정학적 관점에서 설명된다. 이런 한반도에 관한 지정학적 인식이 남긴 결과는 역

---

2   Alfred T. Mahan, *The Influence of Sea Power upon History* (Boston: Little, Brown and Company, 1890).

3   해양과 대륙세력의 충돌이라는 관점에서 한반도의 지정학을 설명하는 연구는 열거할 수 없을 정도로 매우 많다. 반면 최근에는 이에 대한 비판적 시각도 존재한다. 예를 들어, 지상현, "반도의 숙명: 환경결정론적 지정학에 대한 비판적 검증," 『국토지리학회지』 47:3(2013); 문인혁, "한반도의 지정학적 구조 분석과 국가전략: 비판지정학을 중심으로", 『전략연구 66』(2015).

사적으로도, 그리고 현재에도 한반도는 강대국의 각축장이라는 인식이다.[4] 이런 지정학적인 특징으로 인해서 강대국들은 늘 한반도를 점하려 했고, 그 결과는 한반도의 불안정 상황이었다. 이런 지속적 불안정을 숙명으로 받아들이기도 한다.

해양세력-대륙세력이라는 전통지정학적 관점과 나란히 냉전 후 한반도를 지배하던 지정학적 인식은 허브와 스포크(hub and spoke) 체제이다.[5] 아시아 태평양 지역의 자유 진영은 미국을 허브로 하고 여기에 스포크 국가들, 특히 미국의 동맹국인 한국, 일본, 호주, 필리핀, 태국, 그리고 지역의 반공국가들이 연결되어 있다는 관점이다. 국민국가 수립 이후 분단을 겪고 바로 냉전 체제에 편입된 한반도, 특히 남쪽의 한국은 냉전 기간 내내 이 허브와 스포크 체제라는 인식 하에 살아왔다. 이 관점은 비교적 지리적 조건과 덜 밀접한 관계를 맺고 있기는 하지만 허브에 연결된 스포크라는 독특한 가상적 전략 공간 관점을 창출했다.

냉전 종식 이후 특히 동남아에서 소련의 소멸, 미국의 퇴각으로 인해 허브와 스포크 관점은 더 이상 과거와 같은 강력한 힘을 발휘하지 않는다. 아태 지역에서 발생한 힘의 공백에 따라 지역 국가들이 떠안게 된 과제는 지역 다자협력의 형성이었다. 허브와 스포크 시스템 하에서 스포크 국가 간 협력은 매우 제한적이었다.[6] 허브에

---

4   윤영관,『외교의 시대: 한반도의 길을 묻다』(서울: 미지북스, 2015), 322-324쪽.
5   John Ikenberry, "American hegemony and East Asian order," *Australian Journal of International Affairs* 58:3 (2010); Jaehyon Lee, "China is recreating the American Hub and Spoke system in Asia," *The Diplomat* (11 September 2015).

의해서 안보와 경제적 공공재가 전적으로 공급되었던 냉전 시기, 스포크 국가들은 추가적인 비용을 들여 스포크 국가 간 자체적 협력 체제를 구축할 큰 유인이 없었기 때문이다. 부분적으로 이런 냉전 시기 경험이 아태 지역 혹은 동아시아 지역에서 다자협력의 취약성을 설명한다.

반면 중국의 부상 이전까지 한반도에서는 이 허브와 스포크 관점이 강력하게 유지되었다. 남북 분단이라는 냉전 유산이 온전히 보존된 탓이다. 이제 중국의 부상으로 인해 다시 한 번 미국과 중국이라는 두 강대국의 경쟁이 지역에서 재현되면서 변형된 허브와 스포크 관점이 지역 국가들을 지배하기 시작했다. 미국의 피봇정책, 인도-퍼시픽(Indo-Pacific) 관점이 허브와 스포크 체제를 다시 강화하려는 동시에 중국은 일대일로(Belt and Road Initiative, BRI)라는 형식상의 다자협력 및 지역질서 구상을 통해 중국을 중심으로 개도국을 연결한 새로운 경제적 허브와 스포크 체제를 구상하고 있다. 동아시아 지역전략 환경을 놓고 한국을 포함한 지역 국가들은 늘 미국과 중국이라는 두 개의 선택지 사이에서 고민을 하거나 적어도 향후 이 두 강대국으로부터 선택을 강요받을 수 있다는 전략적 불안을 안고 살아가고 있다.[7]

6   Greg Felker, "The Political Economy of Southeast Asia," and Jorn Dosch, "The US and Southeast Asia," both in Mark Beeson (ed.), *Contemporary Southeast Asia* (Houndsmill: Palgrave, 2009).

7   이동선, "현실주의 관점에서 본 미중관계", JPI 정책포럼 No. 2015-08(2015); 윤영관, 『외교의 시대: 한반도의 길을 묻다』(서울: 미지북스, 2015), 322-324쪽.

2. 강대국 지정학이 한국 외교에 남긴 유산

국민국가 수립 이후 한반도를 지배해 온 이런 강대국 관점의 지정학 시각이 이후 한반도, 특히 한국의 대외정책과 지역 외교정책에 미친 영향은 극단적인 두 개의 형태로 나타난다. 첫째는 동북아 중심주의이고, 둘째는 강대국 사대주의 행태이다. 동북아 중심주의는 동북아 지역에 과도한 국제정치적 중요성을 부여하는 시각으로 동북아에서도 한국에 두드러지게 나타나는 현상이다.[8] 동북아 국가 간 관계, 무엇보다 한반도 통일이라는 문제 해결에 과도한 중요성을 부여하여 이 문제의 해결이 글로벌 차원의 국제관계 문제 해결에서 가장 중요한 과제인 것처럼 인식하는 오류이다.

이런 인식으로 인해서 글로벌 차원의 다른 문제들이나 관계, 또 지역의 다른 국가들과 관계보다 동북아에 우선적인 중요성을 부여해 다른 모든 사안들은 동북아 문제 앞에서 호소력을 잃게 된다. 대표적으로 한반도 문제 해결, 그리고 이를 전제로 한 철도와 물류 연계 등 동북아 국가들 간의 경제적 연계 확대가 지역의 경제적 번영과 평화를 담보한다는 인식이 팽배해 있다.[9] 이런 인식은 다른 한

---

8 박사명, 『동아시아의 새로운 모색: 전장에서 시장으로, 시장에서 광장으로』(서울: 이매진, 2006), 411-428쪽.

9 예를 들어 임혁백, "남북철도연결사업: 아시아 중추국가의 혈맥", 『통일시론』 8(2000); 홍완석, "유라시아대륙횡단철도 국제화의 정치, 경제적 함의와 한국의 전략적 선택", 『국제지역연구』 8:1(2004). 냉전 종식 직후 지속적으로 등장하고 있는 이 담론은 노태우 정부 이후 지난 20년이 넘는 기간 동안 지속적으로 되풀이되고 있으나 실질적으로 이와 관련하여 어떤 실체적 진전이 있었던 바는 거의 없다. 박근혜 정부의 유라시아 구상, 문재

편으로 이렇게 중요한 동북아/한반도 문제에 대한 한국과 주변 국가들의 인식 부족을 비판하는 데까지 전개된다.[10] 동북아 중심주의의 또 다른 모습은 동북아 외의 지역 국가들을 한국 외교에서 부차적인 것으로 인식하고 나아가 지역 개도국에 대해서는 한국이 마치 강대국인 양 행동하는 외교 패턴으로까지 왜곡된 형태로 표출된다.

동북아 중심주의가 구체적으로 한국의 외교정책으로 투영되었을 때 나타나는 모순은 지난 몇 번의 정부에서 나타난 대외정책이 잘 보여준다. 김대중 정부로부터 시작해서 지난 몇 정부의 지역정책, 지역 다자협력 정책은 축소지향, 동북아 지향의 퇴행적 모습을 보였다. 아세안+3 등 동아시아 지역 다자협력과 동남아 국가와 관계에 활발했던 김대중 정부를 지나 노무현 정부는 한국의 지역정책을 동아시아라는 넓은 틀에서 다시 동북아로 좁혔다. 동북아 허브국가 구상이 그 예이다. 노무현 정부를 이은 이명박 정부에서 대외정책의 틀은 일견 확대된 듯하다. 신아시아 구상은 아시아의 모든 국가를 대상으로 했다. 그러나 지역 다자협력에 대한 관심은 크지 않았고, 아시아 국가와의 관계는 중상주의적으로 변했다. 박근혜 정부의 지역정책은 다시 동북아-한반도로 회귀했다. 한반도 신

인 정부의 신북방정책처럼 매 정부의 교체 시기마다 이 동북아와 북방 지역 연결에 관한 구상은 꾸준히 새로운 옷을 입고 등장하고 있다.

10 동북아 중심주의에는 지도 그리기와 관련된 측면도 있다. 동북아를 과도하게 강조하는 인식은 한국을 동북아, 아시아 나아가 글로벌의 중심으로 확대해서 동북아를 아시아와 글로벌의 중심으로 놓고 보는 지도 작성으로 확대되며, 이런 한반도/동북아 중심주의적 지도는 다시 동북아 중심주의 인식을 더욱 강화하는 상승작용, 상호 강화작용을 낳는다.

뢰프로세스와 동북아평화협력구상이 대표적인 박근혜 정부의 지역 외교정책이다. 이렇듯 최근 한국의 지역 외교정책은 동아시아에서 동북아로 축소되는 형국이었다.

동북아/한반도에 과도한 중요성을 부여하는 동북아 중심주의 의 반대 극단에는 강대국 사대주의가 자리 잡고 있다. 전자가 한반 도와 한국, 동북아에 과도한 중요성 혹은 잠재력이 있다고 본 반면 후자, 즉 강대국 사대주의적 입장은 한국의 약소국 위치를 과도하 게 강조한다. 대륙과 해양 세력의 충돌이라는 관점으로 해석할 때 이 두 강대국 세력 사이에 끼인 한반도에 초점을 두면 약소국으로 서 한국은 어차피 강대국의 동학 속에서 생존을 모색해야 하는 존 재로 인식된다.[11] 한국은 늘 주변 강대국의 움직임에 민감한(vigi-lant) 태도를 유지해야 한다. 현 전략적 상황에서 어떤 강대국이 한 국의 이익을 가장 잘 보존해 줄 것인가, 어떤 강대국 세력이 궁극적 으로 승리해 헤게모니를 쥐게 될 것인가 늘 이를 추적하고 올바른 전략적 선택을 해야 한다.

이런 강대국 사대주의적 관점이 투영된 대표적인 인식 중 하나 가 바로 현재 미국과 중국의 아시아 차원 경쟁에서 한국의 상황을

---

11 반드시 사대적 관점이라고 할 수는 없지만, 이런 강대국 사이에서 어느 쪽을 택하는 것 이 한국의 생존을 보장할 것인가라는 관점은 대표적으로 이춘근, 『미중 패권 경쟁과 한 국의 전략적 선택』(서울: 한국경제연구원, 2012); 김영호, 『대한민국과 국제정치』(서울: 성신여자대학교출판부, 2012); 최영진, 『신조선책략: 어떻게 역사는 역전되는가』(서울: 김영사, 2013); 장성민, 『중국의 밀어내기, 미국의 버티기: 기로에 선 한반도 운명과 미중 패권 충돌』(서울: 퓨리탄, 2016).

구한말의 상황과 비교하는 국제관계 인식이라 할 수 있다. 미중 관계가 갈등 양상으로 전개되면 구한말 이후 한반도가 처했던 불행한 운명이 되풀이될 수 있다는 전제 아래 당시 강대국 역학 관계 속에서 잘못된 선택이 현재 한반도의 불행의 시작이었고 따라서 현재 전개되는 미중 갈등에서 어떤 강대국을 선택할 것인가는 향후 한국의 미래를 결정짓는 중요한 선택이라는 관점이다.[12] 강대국 사대주의 관점은 한반도 문제, 통일 문제에도 영향을 주어 어차피 한반도 안보 문제나 통일 문제는 한국의 노력보다 강대국 동학에 의해 결정될 사안이라는 운명론적 관점을 만들어낸다.

이런 관점이 한국 외교정책에 현실적으로 투영된 결과는 한국 외교의 4강 중심주의다. 한국은 국민국가 수립, 한반도 분단 이후 철저하게 4강 중심 외교를 펼쳐왔다. 한국에게 주어진 현실이 미, 중, 일, 러라는 4개의 강대국에 포위된 형국이라는 인식 하에 한국의 운명, 한반도의 미래, 통일 문제는 모두 이 4개 강대국 간 동학에 의해 결정된다고 보고 모든 외교적 역량을 여기에 집중하는 것이다. 실제로 거의 대부분 한국의 외교자원은 이 한반도 주변 4강과의 관계에 투입되어 왔다. 현재로서는 북한 문제와 대미, 대중 외교 관계 관리가 한국 외교자원의 대부분을 소진하고 있다. 물론 최근에 와서 아세안, 다자협력 등 과거 주변부를 차지했던 주제들이 부상하고 있기는 하지만, 한반도, 대미, 대중 관계 주요 사안 전개 시마

---

12 윤영관, 『외교의 시대: 한반도의 길을 묻다』, 323쪽.

다 새로운 주제들은 다시 주변부로 밀려나는 현상이 되풀이된다.

 이상의 논의에서 강대국의 관점에 입각한 지정학적 사고방식이 한국 외교에 미친 영향에 대해서 지적했다. 한국의 외교정책, 주변부정책이 가진 지정학적 관점의 문제점을 요약하면 두 가지로 정리할 수 있다. 먼저 한국의 대외정책은 동북아 중심주의적 사고방식에 갇혀 있었다. 이런 관점은 실질적으로 두 가지 모습으로 나타난다. 동북아나 한반도에 과도한 중요성을 부여하는 4강 중심 외교와 한국 외교의 지역적, 공간적 축소를 가져온다. 두 번째로 강대국 사대주의적 행태라는 문제점을 보였다. 이는 외교적 무기력이나 외교적 운명론, 숙명론의 형태로 나타났다. 강대국에 의해 만들어진 지정학적 관점을 극복하고 한국의 이익에 맞는 새로운 지정학적 관점에 입각한 외교정책을 만들기 위해서는 이 두 가지 형태의 문제를 극복한 관점이 필요하다.

III. 중견국 연대의 패러다임: 한-아세안-오세아니아 삼각협력

1. 한국의 새 지정학적 공간: 아세안과 호주를 묶는 남서방면의 호

지금까지 언급한 한국 외교의 이런 왜곡을 교정하기 위해서 이 글에서는 한국의 외교가 무대로 삼는 지역에 대한 확대된 관점, 그리고 과도한 중요성 부과 혹은 지나친 무기력 혹은 약소국적 관점을 벗어난 중견국의 관점이 필요함을 주장한다. 전자의 경우 지나치게 좁은 지역적 관점을 극복함으로써 4강 중심의 외교를 벗어난 외교 지평 확대를 꾀한다. 후자의 경우 한국이 가진 영향력과 힘에 대한 정확한 인식을 통해서 우리의 능력에 맞는 외교적 관점을 가질 것을 요구한다.[13] 이런 관점에 입각해서 한국의 국가 이익을 새로 정의하고, 현실의 문제만을 다루는 것이 아닌 미래의 한국의 이익까지 복합적으로 고려한 지정학적 관점을 가미해야 한다. 뿐만 아니라 이 새로운 지정학적 관점은 한국의 주변, 지역에 관한 인식을 새롭게 해서 새로운 정체성을 수립할 뿐만 아니라, 이런 보다 넓어진 지역 안에서 한국의 적절한 역할은 무엇인가에까지 고민의 영역을 확대한다.

여기서는 한국의 지역 외교의 공간을 두 개의 큰 호(arc)를 가진 것으로 상정해야 한다는 주장을 한다. 지금까지 한국 외교가 집중해 온 한반도 문제 해결과 4강 외교는 한국의 북동방면 호(Northeastern Arc)다. 한반도와 중국, 러시아, 미국, 그리고 일본이 여기에 속한다. 반면에 이 글에서 추가적으로 주장하는 호는 한국의 남서방면 호(Southwestern Arc)이다. 동남아, 오세아니아, 그리고 잠재적으로 인도까지 포함하는 것이 이 호이다. 한반도나 한국의 주어진 현실을 생각할 때 북동방면 호를 가볍게 취급할 수는 없다. 반면 한

---

13   윤영관, 『외교의 시대: 한반도의 길을 묻다』, 320-321쪽.

국의 미래를 생각할 때 남서방면의 호는 매우 중요하다. 지금까지 한국의 외교가 과도하게 집중했던 북동방면 호뿐만 아니라 이제 한국 외교의 지정학적 관점을 수정하고, 외교적 미래를 준비하기 위해서는 남서방면의 호를 똑같이 중시해야 할 필요가 있다.

남서방면 호에서 한국이 집중해야 하는 국가 혹은 국가 단위는 일차적으로 아세안과 호주이다. 지리적 위치, 외교안보적 중요성, 경제적 잠재력 등 다양한 측면에서 아세안과 호주는 한국의 이상적인 협력 대상이다. 아세안과 호주는 모두 지리적으로 한국이 동북아라는 좁은 틀을 벗어나 눈을 돌릴 때 가장 먼저 만나는 대상이다. 동북아를 벗어나 가장 가까운 지역적 단위는 바로 동남아 지역이다. 비록 지리적 거리는 있지만 남쪽으로 눈을 돌릴 때 가장 먼저 만나게 되는 국가는 호주다. 더욱이 아세안과 호주는 동아시아정상회의(East Asia Summit, EAS) 등 기존 지역협력 틀에 함께 참여하고 있어 낯선 국가도 아니다.

남서방면의 호로 한국의 외교적 지평과 지정학적 관점을 넓히는 구상은 단순히 지리적 확장이 아니다. 한국의 외교전략으로 구체적인 지향점을 가져야 한다. 또한 이런 구체적인 지향점은 일차적으로 한국의 이익을 위한 것이지만 그에 그칠 것이 아니라 한국을 넘어선 지역의 이익이란 관점 역시 반영되는 것이 바람직하다. 이 절에서는 남서방면으로 한국 외교가 확장할 때 구체적 지향점이 될 한국의 이익, 그리고 이를 통해 한국이 지역에 공헌할 수 있는 방향에 대해서 언급한다.

한국이 개발도상국가였던 시절 한국 정부는 종종 수출 다변화에 대해서 언급했다. 특정 국가에 한국이 수출 혹은 무역을 지나치게 의존하게 된다면 필연적으로 큰 위험 부담을 안을 수밖에 없다. 이 특정 국가와 무역이 원활하지 못하게 되는 경우 한국 경제는 큰 타격을 입을 수밖에 없기 때문이다. 이런 논리에 기반을 두어서 다양한 국가와 무역 관계를 확대하는 수출 다변화를 추진했다.

유사한 논리 하에 이제 한국 외교 다변화가 필요한 시점이다. 한국의 국력이 과거에 비해서 크게 신장된 것은 사실이지만 한국은 국제사회에서 아직 강대국이라고 할 수 있는 하드 파워를 갖추지 못했다. 더욱이 분단된 한반도의 현실을 놓고 볼 때 한국 정도의 국력과 크기를 가진 국가는 다른 어떤 국가보다 더 많이 외교에 의존해야 하는 현실이다. 그러나 한국 외교는 앞서 여러 번 언급한 바와 같이 특정 몇몇 국가에 크게 의존하는 것이 사실이다. 지금까지 한국의 외교적 전선에는 주변 4강과 한반도를 넘어선 지역과 이슈는 크게 주목을 받지 못했고 다루어지지 않았다. 이런 편중된 외교는 한국의 지속가능한 미래에 긍정적이라기보다는 부정적이다.

또 다른 한편에서 한국은 그간 다른 국가들이 부러워하는 경제 성장과 민주주의를 이뤄냈다. 이를 바탕으로 한류 등 소프트 파워도 점차 겸비해가는 단계에 있다. 그럼에도 불구하고 한국 외교의 지리적 지평이나 이슈 지평은 그에 걸맞게 확장되지 않았다. 밖에서 보는 한국의 외형은 커졌지만, 그 안의 의식, 그리고 이런 의식의 한 반영인 한국 외교의 지평은 아직 외형에 어울릴 정도로 발달이

되지 않았다. 윤영관은 이를 "한국의 국력은 구한말이나 1950년대 한국전쟁 시기와 비교해 훨씬 커졌는데, 정작 그 주인은 소국 의식에 젖어 헤어나지 못하는 그런 상태일 것이다. 마치 몸은 작은 호랑이새끼라고 부를 수 있을 정도로 커졌는데, 그 의식은 고양이 상태에 머무는 부끄러운 모습에 비유할 수 있을 것이다"라고 표현하고 있다.[14] 한국 외교의 남서방면 확장은 이런 부끄러운 모습을 벗어나 우리의 외형에 걸맞은 외교를 하기 위한 시작이다.

무엇보다 이런 외교적 확장, 다변화, 네트워크의 확대는 두 가지 점에서 한국에게 중요하다. 먼저 한국 정부가 최근 지속적으로 강조하고 있는 중견국으로서 한국의 역할 강화이다. 중견국으로서 한국의 힘은 상대방에 대한 이해(지식)를 통해 글로벌, 지역 차원의 많은 국가들과 네트워크를 구축하고 장기적 신뢰를 형성하는 동시에 글로벌, 지역 차원의 책임과 기여를 다할 때 확보할 수 있다. 한국의 미래는 이런 글로벌 네트워크의 힘에 달려 있다.[15] 국내적으로 한국이 글로벌 차원의 중견국 지위를 추구해야 한다는 점에 큰 이견이 없다. 국제적으로도 한국이 국제사회에 대해 할 수 있고, 해야 하는 역할과 책임에 대한 기대가 큰 것도 사실이다. 중견국 지위 추구는 추상적 지위나 명성 추구가 아니라 늘 한국의 입장을 이해하고 지지할

---

14   윤영관, 『외교의 시대: 한반도의 길을 묻다』, 318쪽.
15   이상현, "한국의 복합외교 구현을 위한 과제," 『JPI Peacenet』 No. 2011-06(2011); 김상배, "글로벌 거버넌스와 한국외교의 정체성: 제3세대 중견국 외교론의 모색," 한국국제정치학회 학술대회 발표문(2015년 6월 26일); 최강, "새로운 한국 정부의 주요 외교안보 도전 과제," 『아산정책연구원 이슈브리프』 No. 2017-14(2017).

수 있는 친구들을 만드는 일이다. 이런 점에서 남서방면의 호는 중견국에 어울리는 한국의 글로벌 네트워크를 확장하는 시작이다.

또한 남서방면 호는 한국의 대외적 협상력(leverage) 확대 및 강화를 위한 구상이다. 아세안, 오세아니아는 한국의 협상력 확대를 위한 배후지, 배후세력 역할을 할 수 있다. 한국의 대강대국 협상력을 높이고, 한반도 문제 해결에서 강대국을 넘어 한국의 주도권을 확보하며, 한국 주도의 효과적 문제 해결을 꾀하기 위해 한국의 협상력, 자율성 확장은 필수적이다. 한국이 특정 지역, 국가들과 가까운 관계를 가지고 있을 때 이 국가들의 도움과 지지를 필요로 하는 강대국들에 대해서 한국이 가교 역할을 하거나 아니면 그 지역, 국가에 관한 우리의 이해, 네트워크를 활용해 대강대국 협상력을 가질 수 있다. 아세안과 오세아니아에 대한 건설적 외교를 통해서 이를 보충할 수 있다.

물론 한국의 남서방면 호 확장이 한국의 이익을 위한 것만은 아니다. 오히려 남서방면 호에 포함되는 국가, 지역과 함께 한국이 무엇을 할 수 있을 것인가가 보다 중요하다. 한국과 아세안, 오세아니아는 같은 전략적 공간을 공유하는 국가로서 중요한 이익을 공유한다. 더 나아가 한국과 이들 국가, 지역은 현재 문제 해결에 안주하는 것이 아니라 한국과 오세아니아, 아세안의 미래를 구상하기 위한 지역협력의 파트너다. 한국 외교의 경우 지금까지 가장 큰 무게는 한반도와 북한 같은 현재 당면한 생존의 문제를 해결하는 데 가장 많은 자원을 투입해왔다. 실질적으로 외교를 통해 미래를 구상할 만한 여유가 없었다. 남서방면 호의 확장을 통해서 이들 국가와 지역의 미래를 고민하는 속에서 자연스럽게 한국 외교의 미래 방향을 찾을 수 있다.

보다 구체적으로 남서방면 호가 함께 힘을 모을 수 있는 과제들이 있다. 첫 번째 과제는 지역의 평화와 안정이다. 지역 국가들이 공동으로 지역의 평화와 안정을 위해 노력해야 한다. 많은 지역 공통의 문제들은 한 국가의 힘으로 해결할 수 있는 수준을 벗어난다. 공동의 노력이 필수적이다. 더 구체적으로 남서방면 호 안에서 일어나는 다양한 비전통안보 문제의 해결이 우선적 과제가 되어야 할 것이다. 다자협력을 통해서 이 문제에 접근해야 한다. 전통안보 문제보다 지역의 비전통 안보 문제는 훨씬 더 많은 사람들에게 직접적인 위협을 가한다.[16] 나아가 국경을 넘나드는 비전통안보 문제의 특성상 어느 한 국가의 노력이 아니라 초국가적 접근을 요구한다. 비전통안보 위협으로 인한 인명, 경제적 손실은 개별 국가의 불안 요소로 작용하고, 개별 국가의 내적 불안은 지역적 불안으로 연결된다. 초국가적 문제의 특성상 비전통안보 문제는 지역 국가, 이웃 국가와 갈등을 야기하는 경우가 많다. 개별 국가의 국내적 불안, 이웃 국가와의 갈등은 필연적으로 지역적 불안정을 야기하고 이는 전통안보의 문제보다 더 구체적으로 지역의 평화, 안정, 번영을 위협한다.

16　Mely Caballero-Anthony, "Challenging Change: Nontraditional Security, Democracy, and Regionalism," in Donald K. Emmerson (ed.), *Hard Choices: Security, Democracy and Regionalism in Southeast Asia* (Stanford: Stanford University Press, 2008), pp. 199-202.

두 번째 과제는 지역질서 형성이다. 냉전이 끝난 이후 자유주의적 질서의 승리가 확인되는 듯 했으나, 현재 지역 상황에서 보듯이 이 지역의 지역질서는 매우 유동적인 상태로 남아 있다. 자유주의와 비자유주의적 글로벌, 지역질서가 공존하고 있으며, 이로 인해 지역 국가들의 전략적 스트레스는 극대화된다. 지역질서를 자신의 선호대로 형성하기 위한 미국과 중국이 다양한 수준에서 경쟁이 벌어지고 있다. 이런 강대국 경쟁이 어떤 결과를 낳을지는 몰라도 그 종착점에서 지역 중소국가의 이익이 온전하게 반영되는 것을 기대하기는 어렵다. 갈등의 지속은 지역 중소국가들의 전략적 스트레스를 점증시킨다. 전면적 대결에서 전장은 동남아와 동북아, 오세아니아를 포함하는 이 지역이 될 수밖에 없다. 강대국 타협의 경우 표면적 평화는 보장될 수 있으나, 이 타협이 지역 중소국가들의 이익을 반영할 것이라는 보장은 어디에도 없다.[17] 따라서 지역 중소국가들은 공동으로 지역질서 형성에 영향을 미쳐야 한다. 이를 통해서 지역 중소국가들의 이익을 반영할 수 있는 지역질서가 형성되도록 해야 한다. 이런 공동의 노력을 위해서 남서방면의 호는 매우 중요하다.

17   Lee Jaehyon, "ASEAN-Korea Political-Security Cooperation: Building a Partnership between ASEAN Political Security Community and Korea," *in Partnering for Tomorrow: ASEAN-Korea Relations* (Seoul: ASEAN-Korea Centre and Korean Institute of Southeast Asian Studies, 2017), pp. 75-81.

2. 아세안의 전략적 이해관계

한국의 전략을 도출하기에 앞서 확인해야 하는 바는 남서방면 호의 협력 대상으로 상정된 지역과 국가들은 이런 구상에 대해서 어떻게 반응할 것인가. 아세안 국가와 오세아니아 국가도 한국과 유사한 전략적 딜레마와 이익을 가지고 남서방면 호라는 구상에 동참할 수 있을지를 먼저 생각해 봐야 할 것이다.

아세안 국가들은 1967년 이래 자체적 지역협력을 형성해 개별적으로 부족한 힘을 지역협력, 지역기구 차원에서 강화해왔다. 지역 국제관계 동학에서나 글로벌 차원에서나 아세안으로 묶인 10개국을 가볍게 볼 수 없다. 아세안은 하나의 단위로 글로벌 차원에서 중견국 이상의 무게를 가지고 있다. 무엇보다 현재 한국을 포함한 동아시아에서 일어나는 대부분의 지역협력은 아세안이 지역 국가들을 한자리에 모으는 힘(convening power)에 기반을 두어 아세안을 중심에 두고 만들어졌고, 아세안의 방식 (ASEAN Way)이 작동원리로 기능하고 있다. 대부분의 지역협력 관련 공식 문서에서 아세안의 중심적 역할 혹은 아세안 중심성(ASEAN Centrality)이 언급되는 이유다.[18] 아세안과 관계를 가진 강대국들도 예외 없이 아세안 중심성을 공식적으로 인정하고 있다.

18　Alice D. Ba, "Institutionalization of Southeast Asia: ASEAN and ASEAN Centrality," in Alice D. Ba, Cheng-chwee Kuik and Sueo Sudo (eds.), *Institutionalizing East Asia: Mapping and Reconfiguring Regional Cooperation* (Abingdon, Oxon: Routledge, 2016), pp. 22-24.

나아가 아세안은 현재 정치안보, 경제, 사회문화 방면의 세 방향으로 아세안공동체(ASEAN community) 건설을 꾀하고 있다. 아세안공동체 건설을 통해 지역의 안보와 평화 문제에 대해 아세안의 역할과 목소리를 높이려 한다. 경제공동체 건설을 통해 아세안은 인구 6.2억 명, GDP 2.6조 달러의 통합된 시장을 꿈꾸고 있다. 아세아에서 세 번째로 크고, 세계에서도 7번째로 큰 단일 시장을 추진하고 있다. 인구에서도 중국, 인도에 이어 세계 3위의 경제다. 더욱이 아세안 인구 50% 이상이 30세 미만으로 미래 성장 동력도 크다.[19]

1989년 한국이 아세안의 대화상대국이 된 이후, 특히 1997-1998년 아시아 경제위기를 기점으로 증가한 한-아세안 경제 관계를 보면 아세안은 한국과 일반 사람들이 생각하는 것 이상의 깊은 관계를 가지고 있다. 한국의 전통적인 4강에 비해 그 중요성이 떨어진다고 볼 수 없다.

아세안 국가들의 경우 서로 연결된 두 가지 전략적 딜레마를 겪고 있다. 중국은 일차적으로 아세안을 경제적 영향권에 두고, 더 나아가 정치적으로 아세안을 포섭하기 위한 시도를 지속하고 있다. 반면 미국은 아시아 피봇 정책 이후 아세안을 중국 견제를 위한 지역전략 하에서 가장 중요한 변수로 여기고 있다. 다시 말해 아세안은 미국과 중국의 지정학적 지역전략, 글로벌 전략 하에서 교차 압

---

19 Association of Southeast Asian Nations (ASEAN), *ASEAN Economic Community* (AEC) (2012). (http://asean.org/storage/2012/05/7c.-May-2017-Factsheet-on-AEC. pdf)

표 1 전통 4강 및 아세안과 한국 관계의 주요 경제, 사회 지표[20]

한국과 무역 (2017)		한국의 투자 (2018)		외국인 입국 (2018)		한국인 출국 (2018)		해외체류 한국인 (2017)	
국가	무역액 (백만 달러)	국가	투자액 (백만 달러)	국적	인원 (천 명)	국가	인원 (천 명)	국가	인원 (천 명)
중국	268,614	미국	10,808	중국	4,789	아세안	7,991	중국	2,548
아세안	159,739	아세안	6,135	일본	2,948	일본	7,538	미국	818
미국	131,588	중국	4,766	아세안	2,445	중국 3,854 (2017)		일본	818
일본	85,133	일본	1,312	미국	967	미국	911	아세안	319
러시아	24,825	러시아	94	러시아	302	러시아 254 (2017)		러시아	169

력 하에 있다.[21] 아세안은 강대국들이 자신의 이익을 위해 만들려고 하는 혹은 지키려고 하는 지역질서에서 종속변수로 남아 있다는 의미가 된다.

이런 아세안의 전략적 딜레마는 비단 중국과 미국 사이 경쟁에서만은 아니다. 국민국가 수립 직후 냉전질서에 편입된 동남아는 이후 지속적으로 미국과 소련, 탈냉전 이후 일본과 중국, 그리고 현재 미국과 중국이라는 글로벌, 적어도 지역 차원의 강대국들에 교차 압력 하에 놓여 있었다. 아세안은 이런 강대국들의 교차 압

---

20 외국인 입국에서 아세안은 브루나이 제외, 한국인 출국에서 아세안은 캄보디아, 브루나이, 라오스 제외. K-Stat 국가 수출입 통계 자료; 한국수출입은행 해외투자통계; 한국관광공사 한국관광통계 2018; 한국관광공사 국민해외관광객 주요 행선지 통계 2019; 외교부 재외동포현황 2017.

21 Rodger Baker, "Asia's Dilemma: China's Butter, or America's Guns?," *Stratfor Worldview* (2017). (https://worldview.stratfor.com/article/asias-dilemma-chinas-butter-or-americas-guns)

력을 배제하고 자율성을 높이기 위해 아세안(Association of Southeast Asian Nations, ASEAN), 탈냉전 이후 아세안안보포럼(ASEAN Regional Forum, ARF), 그리고 아시아경제위기 이후 아세안+3(ASEAN+3) 등 지역 다자협력을 대안으로 시도해왔다.[22] 냉전 중에는 미국과 소련의 영향권 하에서 제3의 길을 모색하는 비동맹운동(Non-Aligned Movement, NAM)에도 많은 공을 들여왔다. 그러나 이런 시도에도 불구하고 여전히 아세안 국가들은 강대국의 압력과 강대국들이 만들어 놓은 지역질서의 영향을 크게 받고 있다.

이런 외부적 압력은 아세안 자체의 힘을 강화하여 아세안의 전통적인 외교 노선인 적극적이고 독립적인(Aktif dan Bebas: Active and Independent) 외교를 실행하려는 노력을 지속적으로 방해했다.[23] 현재 아세안을 지탱하는 가장 큰 힘은 아세안의 단결성(ASEAN Unity)이다. 아세안 10개국이 하나의 단위로 외부의 강력한 국가들을 상대하여 자신의 자율성과 협상력을 최대한 끌어올리는 전략이다.[24] 이런 아세안의 단결성은 아세안이 지역에서 역할을 하고 이 지역의 다자협력에서 항상 중심에 놓여야 한다는 아세안 중심성(ASEAN Centrality) 주장의 근간을 이룬다. 아세안 단결성과 중심성

22　Amitav Acharya, 1999. "Realism, Institutionalism and the Asian Economic Crisis," *Contemporary Southeast Asia* 21.1 (1999).

23　아세안의 Aktaf dan Bebas 외교 전통에 대해서는 전재성, "인도네시아의 민주화와 아세안 리더십," 박사명 외, 『동아시아공동체의 동향과 과제: 협력에서 공동체로』(서울: 이매진, 2000), 179-207쪽.

24　Mely Caballero-Anthony, "Understanding ASEAN's centrality: bases and prospects in an evolving regional architecture," *The Pacific Review* 27:4 (2014).

은 아세안공동체 건설의 가장 기본이 된다.

그러나 이런 아세안 단결성 역시 최근 강대국들의 지속적인 간섭 하에 점차 무력화되는 추세에 있다. 단적인 예로 남중국해 갈등을 계기로 중국은 동남아 국가들을 개별적으로 공략하여 아세안 10개국의 응집력을 약화하려 하고 있다. 2012년 캄보디아에서 개최된 아세안 외교장관회의에서는 남중국해 문제를 의장성명에 넣으려는 다른 동남아 국가들과 중국의 압력을 받아 남중국해 이슈를 의장성명에서 배제하려는 의장국 캄보디아의 견해가 충돌했다. 그 결과 45차 회의 동안 꾸준히 발표되어 왔던 아세안 외교장관회의 성명이 발표되지 못하는 초유의 사태를 가져왔다.[25]

더 최근에는 역시 남중국해 문제를 둘러싸고 국제중재재판(per-manent court of arbitration)의 판결 이후 아세안은 더욱 분열적인 모습을 보이고 있다. 남중국해를 국제중재재판으로 끌고 간 필리핀에서 아키노(Noy Noy Aquino) 대통령의 뒤를 이은 두테르테(Duterte) 대통령은 필리핀의 외교정책을 친중국 방향으로 급선회시켰다. 그 결과 어렵게 얻은 중재재판 결과를 바탕으로 아세안이 단결하는 모습을 보이는 것이 아니라 개별적으로 각자의 이익을 위해 중국 혹은 미국 쪽으로 이동하는 모습을 보이고 있다.[26]

25 Luke Hunt, "ASEAN Summit Fallout Continues," *The Diplomat* (July 20, 2012).
26 Ristian Atriandi Supriyanto, "Indonesia's ASEAN leadership lost at sea," *East Asia Forum* (16 September, 2016). (www.eastasiaforum.org/2016/09/16/indonesias-asean-leadership-lost-at-sea/)

3. 호주의 전략적 이해관계

호주 역시 안정적 경제를 바탕으로 국제무대에서 일정한 발언권을 가지고 있는 건실한 중견국이다. 호주는 1.4조 달러 규모의 GDP를 가지고 있으며 한국과 비슷한 정도의 경제 규모를 가지고 있다. 반면 호주의 인구는 한국의 절반 수준에 지나지 않기 때문에 일인당 GDP는 6만 4천 달러를 상회해 한국의 두 배 수준이다. 이런 경제규모로 인해 호주와 한국은 모두 세계 20위 안에 드는 국가들을 포함하는 G20에 포함되어 있다. 무엇보다 호주는 매우 건실한 경제성장과 경제적 안정성을 자랑한다. 지역의 다른 국가들이 아시아 경제위기, 2008년 글로벌 경제위기 등 반복되는 경제위기 속에 경제성장의 둔화를 경험했으나, 세계 20위권 안에 드는 선진 경제치고는 유례가 없게 호주는 2000년대 이후로 매년 3~4% 정도의 성장을 꾸준히 유지해왔다. 호주는 1991년 이후로 한 번도 경제후퇴를 겪지 않은 유일한 국가로 기록되기도 했다.[27]

호주는 오랫동안 스스로를 글로벌 차원에서 그리고 지역 차원에서 중견국(middle power)으로 규정해왔다.[28] 호주 외교가 중견국

---

27 Skynews, "Australia breaks world economic growth record," *Skynew* (7 June, 2017). (http://www.skynews.com.au/news/top-stories/2017/06/07/austra-lia-breaks-world-economic-growth-record.html)

28 Anthony Bergin, "Is Australia a pivotal power?," *The Strategist* (15 October, 2013); David Scott, "Australia as a middle power: ambiguities of role and identity," *Seton Hall Journal of Diplomacy and International Relations* 14:2 (2013); Andrew Carr, "Is Australia a middle power? A systemic impact approach," *Australian Journal of*

으로서 가지는 다양한 특징 중에서 가장 크게 드러나는 점은 지역과 글로벌 차원의 다자외교에서 상당한 강점을 가지고 있다는 점이다. 호주는 이미 1980년대 말 아태경제협력(Asia-Pacific Economic Cooperation, APEC) 추진에 있어서 중추적 역할을 하면서 지역 다자협력에서 두각을 나타냈다. 지역 차원에서뿐만 아니라 글로벌 차원에서도 유엔 등 글로벌 다자협력에 매우 적극적인 국가이다. 특히 호주는 글로벌 차원에서 인권, 민주주의, 국제법 준수 등 보편적 가치를 꾸준히 주장해왔다.

반면 호주 역시 강대국 전략 경쟁에 따른 지역 불안정, 전략적 불확실성을 피할 수 없다. 전통적으로 호주는 아태 지역에서 미국의 가장 강력한 동맹 국가였다.[29] 그러나 한국과 마찬가지로 호주는 경제적으로는 중국에 크게 의존하고 있다. 물론 이런 경제적 의존에도 불구하고 미국과의 동맹은 강력하지만 경제와 안보가 서로 다른 강대국에 의존하고 있다는 점은 호주가 대외정책을 펴는 데 있어서 제약을 가하고 있는 것은 사실이다.

여기서 더 나아가 호주와 뉴질랜드는 남반구에 있는 국가로서 가지는 지정학적인 불안감을 피할 수 없다. 특히 호주의 경우 경제

International Affairs 68:1 (2014).

29 테러와의 전쟁이 한창이던 2003년 부시는 호주를 아태 지역에서 미국의 부관(deputy sheriff)으로 언급해 논란을 낳은 적이 있다. James Grubel, "Bush's sheriff comment causes a stir," *The Age* (17 October, 2003). 사실 호주의 대미 정책, 특히 동맹정책은 어떤 정부를 막론하고 거의 문제제기를 당하지 않을 정도로 강력한 미국의 동맹국이었다. 문경희, "호주의 아시아 관여 정치: 국제정치경제의 변동과 호주 정당 간의 경쟁적 대아시아 관점," 『세계지역연구논총』 28:3(2010).

력이나 국제사회에서 지위로 충분히 큰 목소리를 낼 수 있는 국가다. 그럼에도 불구하고 남반구에 떨어져 있다는 지리적 불리함, 그리고 아시아 국가들 사이에 위치한 앵글로 색슨인 중심의 국가라는 특성으로 인해 지역 국제관계나 지역질서에서 큰 존재감을 보이지 못하고 있다. 호주는 이런 지정학적 특성을 극복하기 위해 꾸준히 아태 지역 북반구에서 일어나는 국제관계에 관심을 가지고 참여하려 하고 있다. 무엇보다 아태지역 북반구에서 일어나는 다자 협력에 적극적으로 참여하고 이를 형성하기 위해 노력해왔다. 호주가 APEC 형성에서 했던 중추적 역할, 그리고 동아시아 정상회의 회원국이 되기 위해 기울였던 노력 등이 이를 입증한다.

　남반구의 호주가 아태지역 북반구의 다자협력, 안보 문제에 지속적으로 관심을 가지고 참여하는 것은 호주가 가진 지정학적 불안감을 메우기 위한 시도다. 호주와 뉴질랜드는 모두 남반구에 떨어져 있는 큰 섬이라는 특징을 가진다. 주변에 이 두 국가를 위협할 강력한 강대국은 없다. 반면 이런 지리적 특징은 이 두 국가가 외부의 위협을 받았을 때 자체 힘 이외에 의지할 데가 크게 없다는 의미도 된다. 더욱이 섬으로 국경이 완전히 바다에 개방되어 있고, 이를 통제하기에 충분한 군사력(인구)이 없다는 점이 이 두 국가의 지정학적 불안감을 더욱 강화한다.[30] 실제로 태평양전쟁 시 일본이 호주에 진주하려 했고 이로부터 호주가 느꼈던 안보 불안은 지금까지도

30　Anthony Burke, Fear of Security: *Australia's invasion anxiety* (Cambridge: Cambridge University Press, 2007).

아주 강력하게 남아 있다.[31] 아세안이 가지고 있는 강대국 교차 압력으로부터 오는 전략적 불안감, 호주와 뉴질랜드의 이런 지정학적 위치가 이들 국가에게 가져오는 불안감은 한국과 이들 국가를 하나의 큰 전략적 단위로 연결하는 데 중요한 요소로 작용할 수 있다.

IV. 남서방면 호와 전략적 협력을 위한 방법론

남서방면 호를 한국의 새로운 지정학적 공간으로 상정할 충분한 이유가 있다. 문제는 구체적인 방법론이다. 지금까지 남서방면 호의 대상 국가 및 지역인 아세안과 호주에 대한 한국의 정책이 없었던 것은 아니다. 그리고 이런 정책 하에서 아세안과 호주와 협력이 나름 진행되어 왔다. 그럼에도 불구하고 구체적으로 남서방면의 호를 다시 강조하는 것은 이 국가와 지역들이 한국 외교 안에 명확히 들어와 있지 않기 때문이다. 남서방면으로 한국의 외교적 인식을 확장하는 데 가장 중요한 문제는 이 이슈가 한국 외교 어젠다의 변치 않는 핵심적인 부분으로 자리를 잡는가 그렇지 못한가이다. 정부가 바뀌거나 주변 외교 상황이 급변하는 속에서도 한국의 대아세안, 대호주 정책과 협력이 한반도, 4강, 동북아 문제로 인해 잊히지 않아야 한다.

---

31 1942년 지금까지 있었던 호주에 대한 공격으로 가장 대규모로 일컬어지는 Bombing of Darwin이 일어났다. 일본 항공편대가 연합군이 다윈의 군사시설을 이용하지 못하게 하려는 목적으로 이 공격을 감행했다.

1. 기존 대아세안, 호주 정책 비판

지금까지 한국 외교가 남서방면의 호에 대해서 전혀 무관심했던 것은 아니다. 실제로 호주와 한국은 외교, 국방 장관 2+2 회의를 설치하고, 중견국 모임인 MIKTA(Mexico, Indonesia, Korea, Turkey, Australia)를 설치해 호주와 외교적 거리를 좁히고 실질 협력을 모색해 왔다.[32] 동남아/아세안과 관계는 특히 아세안+3 지역협력이 시작된 이후 급속한 진전을 보여왔다. 그리고 비록 지난 몇몇 정부에서 특별히 동남아 방면에 큰 정책적 무게를 두지 않았어도 실질적 협력의 폭은 지속적으로 커져왔다. 아세안은 문재인 정부 하에서 주변 4강과 같은 수준으로 인식되고 있다. 인도와도 차관급이기는 하지만 외교-국방 2+2 회의가 합의되었다. 그리고 인도 역시 아세안과 더불어 문재인 정부에서 신남방정책에 포함되어 있다.

그럼에도 불구하고 문제는 이런 노력들이 아직 크게 부족하며 무엇보다 한국의 이익을 위한 큰 지정학적 계산과 비전하에 체계적으로 이루어진다기보다는 분절적이고 파편적으로 진행되어 왔다는 것이다. 최근 몇 번의 정부에서 오세아니아와 아세안, 그리고 한국을 포함한 종합적이고 체계적인 지역 구상이 그려진 바가 없다. 이런 큰 그림 없이 개별 국가나 지역에 대한 접근이 이뤄졌다. 그마저

---

32 이재현, "MIKTA는 중견국 외교인가?," 『아산정책연구원 이슈브리프』 No. 2015-07. (2015); Lee Jaehyon, "A 2+2 for the Future: The First Korea-Australia Foreign and Defence Ministers' Meeting," *Asan Institute for Policy Studies Issue Brief* No. 64. (2013).

도 아세안의 경우 특히 이명박 정부의 신아시아 외교 하에서는 매우 중상주의적 접근의 대상이 되었다.[33]

특히 한반도 문제, 지역 비전통안보, 지역 다자협력에서 아세안은 한국의 매우 중요한 협력 상대인 동시에 미, 중, 일 등 강대국보다 강력한 경제적 연계를 가진 협력 대상이다. 한류나 인적 교류를 포함한 사회 문화 협력 차원에서도 어느 지역이나 국가에 뒤지지 않는 중요성을 가지고 있다. 이런 현실에도 불구하고 김대중 정부 이후 한국의 대아세안 정책은 구체성을 결여했다. 김대중 정부의 동아시아 지역협력, 아세안 중시 정책 이후 노무현 정부의 지역정책은 동북아를 중심으로 펼쳐졌다. 이명박 정부의 경우 신아시아 외교를 통해 아시아 국가로 외연을 확대하는 듯 했으나, 신아시아 외교는 개발도상국을 대상으로 한 중상주의적 정책의 한계를 벗어나지 못했다.

박근혜 정부의 지역정책 역시 한반도와 동북아평화협력구상이라는 동북아 중심의 정책만이 있었다. 박근혜 정부의 동북아평화협력구상은 아세안을 옵서버로 참여시키기는 했지만, 아세안을 동북아 문제 해결의 도구화하는 형태로 진행된 한계를 안고 있었으며, 아

---

33 신아시아외교 기간 내내, 그리고 그 이후로도 한국의 대동남아 외교 첫머리를 장식하는 구호는 세일즈 외교(sales diplomacy)라는 개념이 모호한 정체불명의 구호다. 대통령의 동남아 순방 시 신문 헤드라인으로 가장 많이 등장하는 것이 바로 이 표현이다. 동남아는 한국이 지속적으로 무역흑자를 보고 있으며, 그 규모는 연간 300억 달러 이상으로 한국의 무역흑자가 가장 큰 지역이 동남아다. 그럼에도 불구하고 보수정부, 진보정부를 막론하고 이 세일즈 외교는 지속적으로 한국의 대동남아 외교에서 가장 중요한 요소로 언급되고 있다.

세안으로부터 크게 환영받지 못했다.[34] 반면 김대중 정부의 아세안에 대한 관심, 동아시아 협력의 주도는 지금까지도 한국이 동아시아 지역협력 초기에 큰 공헌을 한 내용으로 외부적으로 크게 평가받고 있다.[35] 지난 몇몇 정부 하에서 아세안과 협력의 양은 증가한 것이 사실이지만 이는 정부의 정책이 주도했다기보다는 김대중 정부 시기 만들어진 추동력이 지속 작용한 결과로 보아야 할 것이다.

호주와 국방 외교협력에서 한국은 호주의 적극적인 접근에 대해서 늘 방어적인 자세를 취해왔다. 지역 전체의 공공재를 공급할 수 있는 역량이 두 국가에 있고, 호주의 대한국 접근은 이런 부분을 염두에 두었음에도 불구하고 한국의 관심은 여전히 호주와의 협력이 한반도 문제 해결에 어떤 식의 도움을 줄 수 있을까 뿐이었다.[36] 인도와의 협력은 2+2 회의에 합의한 이후 아직 그 첫걸음도 떼지 못하고 있는 실정이다. 이런 개별적인 관계에서 취약성을 딛고 이들을 묶어 지역 전체적인 그림을 그리는 데까지 나가는 것을 바라기는 어려운 실정이다.

---

34 동북아평화협력구상의 정부간 회의 및 1.5 트랙 회의에 공식적으로 아세안의 참여는 없었다. 다만 민간주도의 동북아평화협력구상 관련 국제회의나 공동세미나에는 아세안 국가들이 포함된 적이 있다(동북아평화협력구상 홈페이지, http://napci.net/eng/main/main.php).

35 Richard Stubbs, "ASEAN Plus Three: Emerging East Asian Regionalism?," *Asian Survey* 42:3 (2002).

36 외교의 경우는 덜하지만 국방 쪽에서 바라보는 한-호주 2+2 협력의 인식은 2+2 협력이 표면적으로 내세우고 있는 목표와 거리가 상당하다. 개인적으로 국방 부문의 2+2 협력에 관한 자문을 하는 경우 국방부 인사들로부터 확인할 수 있었던 반응은 자신들은 한반도 문제, 북한 문제 대처만 해도 바쁜데 왜 호주가 국방협력을 하자고 하는지 감당하기 어렵다는 반응이며, 한반도 유사시 호주가 한국에 어떤 도움을 줄 수 있는가만 초점을

2. 문재인 정부의 신남방정책

한국의 대아세안 외교는 일종의 악순환을 겪고 있다. 실질협력 관계에도 불구하고 아세안에 대한 외교는 한국 외교 어젠다의 상수로 취급되지 않는다. 외교 어젠다에서 상수로 취급되지 않으므로 다른 보다 중요한 어젠다라고 여겨지는 일들이 있을 때마다 아세안에 대한 관심은 뒷전으로 밀려난다. 이렇게 뒷전으로 밀려나는 일들이 지속되다보면 아세안을 한국 외교에서 부차적인 것, 주변적인 것으로 보는 시각은 더욱 강화된다. 이렇게 되면 아세안은 그 중요성에도 불구하고 한국 외교 어젠다의 중심으로 진입하기 어려워진다.

이런 아세안 외교가 가진 문제점은 한국 내 아세안 외교를 중심에 위치하려는 동력과 정치적 의지의 부재 탓이 크다. 정책 결정자 수준에서 전통 4강, 한반도 문제에만 관심을 가지다 보면 아세안에 대한 외교는 그리 중요한 것으로 인식되지 않고 다른 보다 더 중요하다고 여겨지는 어젠다의 도구적 성격만을 가지게 된다. 따라서 지금까지 아세안에 대한 접근은 한국의 경제적 이익을 위한 도구, 북한 문제 해결을 위한 도구 정도로 인식되었다. 아세안을 시장이나 생산기지로 생각해 아세안 방면은 경제 관계만 중요하고 한국이 경제적 이익을 얻으면 충분한 협력 대상일 뿐 그 이상의 중요성

두고 있다. 지역 공통의 문제, 특히 비전통안보 문제를 해결하기 위한 국방 부문의 참여가 중요함에도 불구하고 호주와 한국의 공동의 노력을 통한 지역의 평화와 안정이라는 과제에 대한 한국 국방부의 관심은 크지 않다.

을 두지 않았다. 또한 남북한 사이에 문제가 있을 경우 북한을 비난하고 한국의 입장에 대한 지지 확보를 위한 국가군 정도로 취급되었다.

2017년 취임한 문재인 정부의 신남방정책은 이런 대아세안 외교의 악순환을 정리할 만한 잠재력을 가지고 있다. 문재인 대통령은 대통령 선거 공약에서부터 아세안과 인도에 대한 외교를 주변 4강에 대한 외교의 수준으로 끌어 올리겠다고 공약했다.[37] 대통령 선거 공약 외교안보 어젠다에서 아세안이 언급된 것은 처음 있는 일이다. 신남방정책, 특히 신남방정책 중에서도 대아세안 정책이 성공적으로 추진된다면 아세안을 한국 외교의 주요 어젠다 중 하나로 위치시킬 수 있을 것으로 보인다. 역으로 문재인 정부의 신남방정책의 성공, 실패를 판가름하는 기준은 아세안을 한국 외교의 상수로 취급할 정도로 한국의 대아세안 인식, 아세안의 한국에 대한 인식을 바꾸었는가로 볼 수 있다.

문재인 정부의 지역정책은 이전 세 정부에 비해서 명확하게 넓은 지역을 상정하고 있다. 김대중 정부 시기 동아시아가 강조되었다면, 그 이후 정부에서는 주로 동북아를 포괄하는 정도의 지역 비전을 가졌다. 문재인 정부 외교안보 정책은 한반도, 4강, 동북아뿐만 아니라 아세안, 인도까지 포괄하는 정도로 확장되었다. 이는 긍정적 신호라고 할 수 있다. 동북아플러스 책임공동체라는 구상 하

---

37 더불어민주당, 『19대 대통령선거 정책공약집』(서울: 더불어민주당, 2017), 235쪽.

에서 동북아평화플랫폼이라는 대동북아 평화·안정·번영 정책, 신
북방정책이라는 러시아·몽골·중앙아에 대한 정책, 그리고 아세안
과 인도를 대상으로 하는 신남방정책이 제시되었다. 동북아는 평화
의 축으로, 신북방과 신남방은 번영의 축으로 상정되었다.[38]

2017년 취임 이후 북한의 잇단 미사일, 핵실험, 한반도를 둘러
싼 긴장 고조, 대미 관계 확립, 대중 관계 복원, 대일 관계 등 전통적
인 외교안보 어젠다가 긴급한 관심을 요구하는 복잡한 상황 속에서
도 신남방정책이 사라지지 않고 생명력을 유지했다. 결국 2017년 11
월 문재인 대통령은 APEC, 아세안+3, EAS 참석차 베트남, 필리핀,
인도네시아를 방문한 자리에서 신남방정책, 특히 아세안을 초점으로
하는 한-아세안미래지향공동체 비전을 밝히면서 신남방정책의 본
격적 시작을 알렸다.[39]

이 자리에서 문재인 대통령은 사람(people), 번영(prosperity),
그리고 평화(peace)라는 세 가지 대아세안 외교원칙(3P)을 천명했
다.[40] 특히 아세안이 공동체를 추진하는 과정에서 지속적으로 강조
해왔던 사람중심의 공동체(people-centred community)라는 비전과
신남방정책의 사람이 먼저라는 비전이 잘 조화되었다. 또한 정치

---

38 외교부, 『동북아평화협력플랫폼 브로셔』(미간행).
39 손제민, "한-동남아 협력, 4강국 수준으로," 『경향신문』(2017년 11월 14일자); 문병기,
    "아세안과 협력, 공동체 수준 확대," 『동아일보』(2017년 11월 14일자).
40 3P 관련 보다 자세한 내용은, Moon Jae-in, "Toward a People Centered ASEAN Com-
    munity," *Project Syndicate* (dated November 10, 2017). (https://www.projectsyndi-
    cate.org/commentary/korea-asean-cooperation-at-50-by-jae-in-moon-2017-11)

안보 관련 협력에서도 과거와 같이 안보와 북한 문제만을 강조하는 것이 아니라 보다 미래지향적인 평화담론 속에 안보와 북한을 함께 포함했다. 특히 북한 문제와 관련해 과거처럼 한국이 필요할 때만 아세안에 접근해 지지를 얻는 행태를 지양하고, 아세안과 협력을 강화하고 신뢰를 구축하는 과정 속에서 자연스럽게 아세안이 북한 문제에 관여하는 형태의 협력을 구상하고 있다. 경제협력의 측면에서도 과거의 중상주의적 접근을 명백히 지양하고, 아세안의 번영이 장기적으로 한국의 경제적 미래에 긍정적으로 작용한다는 인식을 바탕으로 선순환적 상호 번영의 방향으로 경제협력의 기조를 잡았다.

아세안에 대한 신남방정책의 의지는 단순하게 현상, 즉 아세안과 한국의 현실적 관계만을 반영한 정책이 아니다. 단순한 현실의 반영을 넘어서 한국 외교의 확장, 외교적 다변화의 출발점으로 아세안을 주목한다는 점에서 한국 외교에 장기적으로 보다 큰 영향을 미칠 수 있다. 한국 정도의 경제적 힘과 국제사회에서 지위를 가지고 있는 중견국이 한반도 주변의 좁은 사정에만 매몰되어 많은 다른 지역과 국가들과의 관계를 소홀히 해서는 안 된다는 인식이 근저에 있다. 나아가 한국의 미래 이익을 위해서 세계의 많은 국가와 두터운 네트워크를 만드는 것이 외교 다변화의 목표다. 또한 한반도를 둘러싼 4강, 주변 강대국으로부터 오는 서로 상충되는 전략적 압력을 관리하기 위해서도 주변 4강에만 매몰되어 있을 것이 아니라 보다 넓은 지역으로 나가 한국과 입장을 같이 하고 서로 지지해

줄 수 있는 국가 네트워크를 만드는 것이 한국의 전략적 자율성 확장을 위해서도 바람직하다.

3. 대아세안 신남방정책의 방법론

아세안을 한국 외교의 핵심적 사안 중 하나로 자리매김하기 위해서는 아세안에 대한 한국의 정책이 물론 중요하다. 이를 어떻게 펼쳐나가는가에 따라서 아세안으로부터 한국이 믿을 만한 동반자고 협력의 파트너라는 인식을 얻을 수 있고 장기적인 협력의 기반을 구축할 수 있기 때문이다. 나아가 이런 여건이 형성되어야만 한국이 아세안으로부터 구현할 수 있는 외교적 비전이 제대로 만들어질 것이다. 한국의 대아세안 외교정책은 의외로 간단하다. 실질적으로 아세안에 대한 정책은 다양하게 존재하고 많은 부분은 이미 실행도 되고 있다. 이런 모멘텀을 이어 받아 지속화하는 것이 중요하다. 다만 과거의 중상주의적 접근, 한국의 이익만을 우선시 하는 방향성에서 수정이 필요하다.

분야별 협력을 끌고 갈 비전을 만들고 구체적 협력 사업을 구상할 때 양방향 의사소통이 중요하다. 한국이 일방적으로 시혜적인 관점에서 아세안 국가가 환영할 것이라고 추정되는 비전과 사업을 제안하는 시기는 지났다. 분야별 협력의 지향점과 비전, 구체적 협력 사업을 만들 때 한국과 아세안이 머리를 맞대고 함께 논의해야 한다. 이를 위해 한국과 아세안 간 명망가-전문가(Eminent and

Expert People, EEP) 회의가 필요하다.[41] 정부를 대표하는 트랙 1이 가진 한계를 넘어서 트랙 1.5나 2 차원에서 정기적 회합을 갖고 자유로운 의사개진을 통해 합의를 만들어 내야 한다. 한국과 아세안의 싱크탱크 네트워크 상설화도 하나의 방안이 될 수 있다. 그리고 EEP 회의나 싱크탱크 네트워크 하위 단위에 포괄적 양자 관계, 비전통안보를 포함한 정치안보 이슈, 경제, 인간안보 문제를 포함한 사회문화 이슈를 다루는 실무반(working group)이 만들어진다면 보다 효과적 협력사업의 발굴도 가능하다.

아세안으로 한국의 지정학적 지평의 확장이란 보다 큰 목표를 위해서는 우리 안의 준비에 보다 관심을 기울여야 할 것이다. 그리고 신남방정책이 아세안을 한국 외교 어젠다의 핵심적 사안으로 만들려 한다면 대아세안 정책만큼이나 우리 안의 준비에 많은 자원을 투입하는 것이 맞다. 먼저 앞서 말한 것처럼 아세안에 대한 정책

41　현재 아세안과 한국 정부 간 트랙 1 협의는 정상, 외교장관, 경제장관 차원의 회의와 차관보를 단장으로 하는 한-아세안 대화(ASEAN-Korea Dialogue), 그리고 한-아세안협력기금 활용 사업을 관장하는 한-아세안공동협력위원회(joint cooperation committee) 등이 있다. 장관급 이상 회의는 구체적 협력 사업을 발굴하기는 어렵다. 반면 한-아세안공동협력위는 한-아세안협력기금 활용사업에 범위가 한정되어 있다. 한-아세안 대화가 실질적으로 한-아세안 간 모든 협력을 관장하는 기구이다. 보다 긴밀하고 잦은 대화와 협의, 합의를 위해서는 한-아세안 대화만으로 충분치 않다. 정부의 입장에 구속되지 않는 자유로운 대화와 협의를 할 수 있고 그 협의 내용이 트랙 1에 반영될 수 있는 채널이 병존하는 것이 바람직하다. 이와 관련해서는 Lee Jaehyon, "25 Years of ASEAN-Korea Relations and Beyond: from a slow start to a solid partnership," in Lee Choong Lyol, Hong Seok-Joon and Youn Dae-Yeong (eds.), *ASEAN-Korea Relations: Twenty-five Years of Partnership and Friendship* (Seoul: Nulmin Books Publishers, 2015), pp. 193-195.

적 관심이 간헐적으로만 존재하는 상황, 그리고 다른 중요 어젠다에 의해 희생되었던 상황을 되풀이하지 않기 위해서는 국내의 대아세안 정책 추진 기반의 강화가 필요하다. 이를 위해서 범정부 차원의 아세안 정책 추진단 등이 구성되어 정부 부처 간, 지방자치단체와 중앙정부 간, 그리고 다양한 정부 외곽 기관들의 대아세안 정책이 보다 효율적으로 조직화되는 것이 필요하다. 더 나아가 아세안 정책 추진단은 주변 상황 변화에도 불구하고 아세안에 대한 정책을 지속적으로 추진하기 위해서도 필요하다. 북한 문제, 대강대국 문제로 인해 추진되던 대아세안 정책이 중단되고 방기되는 상황을 되풀이해서는 안 된다.

이런 범정부 차원의 정책 조율을 위해, 또 아세안 외교 본연의 역할에 충실하기 위해서 외교부의 대아세안 정책 담당 부서 강화도 필요하다. 기본적으로 한국 외교부는 외교에 의존해 국가의 미래를 개척해야 하는 국가답지 않게 인프라가 부족하다. 가까운 일본이나 중국과 비교해 우리 외교부 규모는 1/3 혹은 1/2 정도 수준밖에 되지 않으며 예산에서는 더욱 격차가 벌어진다. 객관적 국력차를 극복하고 국가 경쟁력 유지를 위해서 강대국보다 더 외교에 의존해야 하지만 인프라 측면에서 한국의 현실은 그 반대로 가고 있다.

신남방정책 추진 이전 아세안 업무를 담당하는 부서, 대아세안 외교 일선에 있는 아세안 대표부의 상황은 외교부 전체보다 더 심각했다. 신남방정책으로 아세안국이 새로 설치되기 이전 동남아, 서남아, 태평양 지역 전체를 담당하는 남아태국은 미국과 캐나다

두 국가를 관장하는 북미국과 유사한 규모였다. 미국이 한국의 안보 문제에 중요하다고 해도 인구 23억, 33개국이라는 지역 국가의 수와 다자협력체 수를 고려할 때 남아태국의 규모는 너무 작았다. 마찬가지로 아세안 대표부의 경우에도 중국과 일본이 한국의 아세안 대표부 3배 규모라는 점을 보면 한국의 자원 투입이 부족했다. 중국의 아세안 대표부는 20명의 직원이 근무했던 반면 한국은 6명에 지나지 않았다.

다행히도 신남방정책 추진으로 제도적 보완이 이루어졌다. 외교부 내에 아세안 업무를 담당하는 국이 동남아 1과, 2과 그리고 아세안협력과 등 세 개의 과를 거느린 모습으로 출범했다. 아세안 대표부의 인력도 두 배 이상 보강되고, 아세안 대표부 대사의 위상도 차관급 인사가 파견되는 등 강화되었다. 신남방정책 하에서 이런 변화들은 한국의 대아세안 외교에 있어 매우 바람직한 변화다. 한국의 외교가 남서방면의 호로 확장해야 한다고 하면 이런 아세안 외교 강화, 제도적 보완은 지속적으로 이뤄져야 한다.

한국 정부의 대아세안 외교가 탄력을 받고 국민적 지지를 받기 위해서는 우리 국민의 대아세안 인식에도 변화가 필요하다. 정부가 아세안을 한국 외교의 핵심 사안으로 추진하려 해도 아세안에 대한 국민 인식 변화를 통한 광범위한 지지기반 형성이 없으면 정책 추진이 탄력을 받기 어렵다. 한국의 대아세안 외교 취약성은 정부와 외교부만 탓할 일은 아니다. 한국인의 동남아 국가들에 대한 인식은 그리 긍정적이지 않다. 대부분 이주노동자, 가난한 나라, 우리의 지원 대상 등의 이미지가 한국인의 동남아에 관한 인식을 지배하고 있다.

이런 인식은 비교적 외부 문화에 개방적이고 이해도가 높은 청년층에서도 유사하게 나타나고 있다. 한국동남아연구소 주관으로 실시된 한국과 아세안 청년에 대한 상호 인식조사 결과를 보면 한국 청년들이 동남아에 대해서 가진 이미지는 대개 더위, 개발도상국, 휴양지, 관광, 가난 등이 지배적이다. 마찬가지로 한국 청년들이 동남아 사람에 대해서 가진 인식 역시 노동자, 까만 피부, 순박함, 국제결혼, 가난 등 부정적 이미지를 벗어나지 못한다.[42] 한국인이 동남아에 대해서 가지고 있는 이런 인식이 개선되지 않는다면 정부 차원의 대동남아 외교는 국민적 지지를 받기 어려울 것이다.

이를 해결하는 지름길은 없다. 문재인 정부의 국민외교 구상에서 밝히고 있는 것처럼 꾸준히 국민들을 외교정책 결정 과정에 대표하고, 대국민 공공외교라는 형태로 동남아의 중요성에 대해서 인식을 개선하도록 노력해야 할 것이다.[43] 아울러 정부, 외교부 차원에서 국내에 있는 동남아 대사관, 기업, 동남아인들이 자국의 인식을 개선하기 위한 노력을 할 수 있는 장을 전개하는 것도 성공적 외교정책을 위해서 정부에서 취할 수 있는 정책이다.

---

42 윤진표 외, 『한국과 아세안 청년의 상호 인식』(서울: 한-아세안센터, 한국동남아연구소, 2017), 17-18쪽. 그나마 다행인 것은 한국 청년들의 아세안, 아세안인에 대한 전반적으로 부정적 이미지에도 불구하고 한-아세안 관계의 미래, 향후 아세안의 중요성에 대해서는 전체적으로 보다 긍정적 답변의 비율이 높다.

43 외교부, 『제1차 대한민국 공공외교 기본계획 2017-2021』(2017), 42-29쪽.

마지막으로 다양한 국가와 지역에 대한 한국의 지식 기반은 매우 취약한 상태이며, 이로 인해 아세안뿐만 아니라 전반적인 한국 외교 다변화 및 네트워크 구축도 어려움을 겪고 있다. 아마도 그 중에서 동남아, 아세안이 가장 대표적인 예라고 할 수 있을 것이다. 이를 개선하기 위한 지식 기반 확충이 시급하다. 북한, 중국, 일본, 미국, 한반도 문제 등 분야는 주제 자체 시장 경쟁력으로 인해 아직 충분치는 않지만 활용할 수 있는 지식 기반이 구축되어 있다. 이 주제들은 한국 외교의 변화하지 않는 중심주제인 만큼 지속적으로 지식 기반을 형성할 새로운 세대, 새로운 아이디어들이 충원되고 있다. 반면 지금까지 관심을 덜 가졌던 지역이나 국가에 관한 교육, 연구는 매우 취약한 상태다.

과거 한국 정부는 각 대학에 설치된 국제대학원 등을 통해서 지역, 국가에 관한 지식 확장을 꾀한 바 있다. 그러나 주요 외교 어젠다를 지배하는 지역, 즉 한반도, 주변 4강을 제외하고 덜 주목받는 국가와 지역에 대한 관심은 국제대학원에서도 점차 주변부로 밀려나고 명맥을 유지하기도 어려운 상황이 되었다.[44] 이 부분에 대한 연구와 교육은 사적 부문의 자율성에 맡겨 놓아서는 지속가능하지 않다. 따라서 대아세안 외교, 나아가 외교 다변화를 위한 지식 기반 확충을 위해서는 국가 차원에서 지역 연구에 관한 지원이 반드시 필요하다. 이는 장기적으로 보고 추진해야 하는 사항으로 10년

---

44   박사명, "신정부 지역전략의 향방," 국립외교원 외교안보연구소 「동북아플러스책임공동체」 세미나 발표문(2017년 8월 2일, 국립외교원).

후 그 효과를 볼 것으로 예상하고 지금부터 긴 안목으로 준비를 해야 한다. 지역연구를 지금처럼 도외시하거나 사적 부문에 맡겨둔다면 대아세안 정책의 강화뿐만 아니라 한국 외교 다변화는 불가능하거나 전략이 없는 사상누각이 될 것이다.

4. 한-호 2+2 협력의 방향성

호주는 한국의 중요한 지역 파트너다. 호주와 한국의 지금까지 협력관계는 지리적 거리감을 극복하고도 남는다. 눈에 잘 보이지는 않지만 실질협력 관계가 꾸준히 발전해왔고, 이런 실질협력 관계는 양국에 모두 도움이 되는 방향으로 전개되어 왔다. 이제 호주와 한국 협력관계는 한-호 2+2 국방안보협력뿐만 아니라 MIKTA와 같은 중견국 외교 틀을 활용해 한 단계 더 진화해야 할 때다. 그리고 호주는 충분히 한국 입장에서 그럴 만한 전략적 가치를 가진다.

문재인 정부에서도 신정부 취임 초기 최초로 호주에 특사를 보내 한국의 외교정책과 한-호 관계에 대한 설명을 하는 등 호주와 관계를 보다 심화하기 위한 노력을 하고 있다. 또한 문재인 정부는 지역정책 구상으로 동북아플러스공동체 구상을 밝혔다. 이 구상 안에 별도로 호주를 위한 정책 구상을 구체적으로 밝히지는 않았다. 그럼에도 불구하고 이 동북아플러스공동체구상 안에서 호주는 자주 언급되고 있어, 향후 호주와 긴밀한 협력 관계는 지속될 것으로 보인다. 아울러 호주를 포함하는 MIKTA 외교 역시 한국의 중요한 중견국 외교 이니셔티브로 지속 추진될 것으로 보인다. 뿐만 아니라 신정부에서 중견국 외교라는 큰 방향성이 지속적으로 유지될 때 호주는 지역에서 가장 중요한 중견국 외교의 파트너라는 데는 의심할 여지가 없고, 이런 점에 비추어 한-호주 국방안보 협력을 위한 2+2 형식의 협력도 지속되고 더욱 심화될 것으로 보인다.

보다 구체적으로 한국이 남서방면의 호로 지정학적 관점을 확대하고, 호주와 협력을 강화해 나갈 때 가장 중요한 제도적 기반은 한-호 2+2 국방외교장관회의가 되어야 한다.[45] 이 2+2 회의는 그간 한-호 간 협력의 성장을 단적으로 보여주는 제도이고, 현재 한-호 간 협력의 대부분을 포괄하고 있다. 한-호 2+2 회의를 한국과 호주 간 협력을 발전시키는 기본적인 제도로 해서 한-호 협력을 강화하고 남서방면 호로 우리의 지정학적 관점을 확대한다고 할 때 한-호 2+2 회의는 다음과 같은 방향성에 유의하면서 발전해야 한다.

먼저, 한국과 호주는 지역의 큰 전략 문제, 지역질서 문제에 대한 협력을 2+2를 통해서 논의하고 공동의 전략을 마련해야 한다. 호주는 지역에서 일어나는 강대국 전략 경쟁에 한국과 공동으로 대처할 수 있는 협력 파트너다. 미국과 중국 사이에 벌어지는 전략 경

---

45   한-호주 2+2 외교국방회의는 2013년 양국 합의하에 격년제로 장관급 회의체로 설치되었다. 이후 2015년 열린 2+2회의에서는 국방안보협력 청사진(Australia-Korea Defense and Security Blueprint)이 합의되어 지금까지 한-호 2+2 협력의 기본 방향을 제시하고 있다. 이 청사진은 비전통안보 부문에서는 비확산, 사이버 안보, 테러 대응, 재난대응, 인도적 지원 등 분야를, 국방협력에서는 군수·방산, 국방과학기술, 국방교육교류 및 훈련, 해양안보 문제에 걸쳐 협력할 것을 명시하고 있다. 한-호 사이 2+2 협력 외에 정상 간에는 2014년 한호 미래 비전 성명이 합의, 발표되었다.

쟁 속에서 많은 지역 국가들이 전략적 스트레스와 불확실성을 겪고 있다. 한국 역시 한반도 문제에 더해 중국과 미국으로부터 오는 전략적 압력 혹은 불확실성이 큰 문제가 되고 있다. 사드(THAAD) 배치 문제로 인해 중국으로부터 오는 압력, 그리고 트럼프 행정부의 불확실성 높은 대외정책으로 전략적 불확실성을 겪고 있다. 이런 한국의 전략적 부담은 호주에서도 유사하게 느껴진다. 경제적으로 중국에 크게 의존하고 있는 동시에 미국의 가장 강력한 지역 동맹 국가인 호주도 중국과 미국으로부터 오는 때로는 충돌하는 요구와 압력 등으로 인해 전략적 불확실성을 경험하고 있다.[46]

호주와 아세안을 포함한 대부분의 지역 중소국가들이 이런 전략적 불확실성 하에 놓여 있다. 따라서 지역 중소국가들의 연합 혹은 연대를 통해서 미국과 중국으로부터 오는 압력에 공동 대처하거나 미국과 중국이 쓰려는 지역질서에 중소국가의 이익을 반영하는 노력이 필요하다. 이런 과제를 위해서 유사한 입장에 놓인 호주와 한국은 좋은 전략적 협력 대상이 될 수 있다. 한국과 호주 간 기존에 설치

---

46 2017년 말 발표된 호주의 대외정책백서(Foreign Policy White Paper)는 많은 논란을 불러 일으켰다. 당시 문제가 되었던 중국의 호주 국내 정치 간섭에 따른 논란이 고조에 달한 상태에서 발표되었는데, 중국의 안보 위협과 현상 변경에 대해서 강력한 어조로 비판하는 한편, 미국 트럼프 행정부의 아시아-태평양 지역에 대한 무관심 역시 비판하고 있다. Australian Government, *Australian Foreign Policy White Paper* (Canberra: Australian Government, 2017) (https://www.fpwhitepaper.gov.au/)를 볼 것. 한편 중국의 호주 국내 정치 개입에 관한 논란은 Nick McKenzie, Richard Baker, Sashka Koloff and Chris Uhlmann, 2017. "China's Operation Australia," *Sydney Morning Herald* (2017)를 볼 것. (http://www.smh.com.au/interactive/2017/chinas-operation-australia/soft-power.html)

된 2+2 협력이 구체적 국방, 안보 협력을 넘어서 안보, 정치, 경제 질서를 포함한 전반적인 지역질서와 미중 사이 전략 경쟁 그리고 그 속에서 각 국가가 가지고 있는 입장과 전략을 논하고 이런 압력과 불확실성에 대응할 수 있는 공동 전략을 모색하는 것이 필요하다.

두 번째, 호주와 2+2 회의가 주목해야 하는 한-호 협력의 방향은 지역 비전통-인간안보 문제를 다루는 협력이다. 이 분야에서 한국은 호주와 협력을 통해 얻을 수 있는 것이 많다. 무엇보다 과거 동북아와 한반도, 4강에 국한되었던 한국의 지역적 관점을 확장함과 동시에 지역에 대한 한국의 공헌을 이 분야 협력을 통해 확대할 수 있다. 호주는 다양한 비전통적인 안보 분야에서 많은 경험을 축적하고 국제적으로 활발한 움직임을 보여주고 있다.[47]

예를 들어서 비확산 분야에서 호주는 국제적인 담론을 선도하는 국가이다. 비확산 분야에서 전문성을 가진 호주와 협력은 북핵의 위협을 마주하고 있는 한국에게는 큰 도움이 될 수 있다. 또한 호주는 사이버 안보 분야에서도 국제적으로 활발한 활동을 보이고 있는 국가다. 한국도 상업적인 부문에서뿐만 아니라 군사, 안보적인 부문에서 사이버 위협에 처해 있고 관련된 노하우도 많이 축적되어 있는 만큼 중견국 협력 차원에서 호주와 한국의 사이버 안보 관련 협력도 매우 중요하고 큰 잠재력을 가지고 있다.

뿐만 아니라 호주는 소형무기 밀매 분야에서도 전문성을 가지

---

47   Andrew Carr, "Is Australia a middle power? A systemic impact approach," *Australian Journal of International Affairs* 68:1 (2014).

고 있다. 특히 동남아 지역의 소형무기 밀매가 호주의 안보에 위협이 된다는 관점 하에서 많은 전문성을 축적하고 있다. 소형무기 확산, 밀매 더 나아가 초국가적 범죄와 관련해서 군의 일정한 역할이 필요한 경우 한국과 호주의 협력을 통한 동남아 지역의 소형무기 밀매, 초국가적 범죄 관련 거버넌스 능력 강화는 지역의 평화유지라는 측면에서 긍정적 결과를 낳을 수 있다. 또 해양안보와 안전에서 호주와 한국은 좋은 협력 파트너이다. 남중국해 등 지역적으로 해군의 순찰(patrol) 노력이 필요한 경우가 많은데, 미국과의 직접적인 협력이 부담스러운 경우 호주와의 협력을 통해서 노하우를 기르고, 지역 평화 유지에 기여할 수 있다.

외교와 지역질서에 관한 문제뿐만 아니라 국방이나 군사부문의 협력에도 주목해야 한다. 국방 측면에서 호주는 미국의 강력한 동맹국가인 동시에 미국, 호주, 인도, 일본의 4개국 전략적 연대를 잇는 허브국가 역할을 하고 있다.[48] 지리적 거리에도 불구하고 한국전 참전 등 역사적 경험, 경제적 이해관계로 인해 한반도 문제, 동북아 전략 상황에 큰 관심을 가지고 있으며, 한반도 전쟁 상황 시 가장 먼저 도움을 줄 수 있는 국가이다. 평시에는 유엔사령부의 일원으로 활발한 활동을 하고 있다.

뿐만 아니라 한국이 취약한 군사부문에서 외교, 특히 다자외교 부문에서 호주는 한국의 좋은 모델이 될 수 있다. 한국과 호주 모

---

48   Rory Medcalf, "In defence of the Indo-Pacific: Australia's new strategic map," *Australian Journal of International Affairs* 68:4 (2014).

두 지역의 가장 대표적인 군사외교 및 다자협력의 장인 확대아세안 국방장관회의(ASEAN Defense Ministers' Meeting Plus, ADMM+)에 참여하고 있다. 그러나 다자군사외교의 경험이란 측면에서 호주는 한국보다 앞서 있다. 한국의 경우 다자군사협력의 장은 주로 한반도 문제 관리를 위한 장으로 이용해 왔을 뿐 다자군사외교 혹은 협력을 통해서 지역적 공헌을 하는 문제에는 다소 인색했다.[49] 한반도 상황으로 인해서 국방부 차원에서나 군 차원에서 한반도를 넘어선 지역 다자군사외교, 지역에 대한 공헌에 크게 신경 쓸 여유가 없었기 때문이다. 그러나 한국군의 역량이나 경제력, 국력을 고려할 때 한국이 언제까지 지역에 대한 공헌에 무관심할 수는 없다. 따라서 어떻게 효과적으로 군사외교를 할 것인가라는 문제를 놓고 호주와 협력하면서 한국이 배울 점이 많다.

문재인 정부의 지역정책 비전인 동북아플러스책임공동체에는 호주에 대한 직접 언급은 없다. 신남방정책에도 호주보다는 아세안과 인도가 보다 강조되고 있다. 그럼에도 불구하고 신정부가 호주와 관계를 가볍게 취급하거나 호주와 협력 관계에 관한 의지가 없다고 보기는 어려우며, 그래서도 안 될 것이다. 호주와는 많은 이익을 공유하고 있고, 또 지난 정부들에서 나름 협력의 플랫폼을 발전시켜왔다. 국방 안보 부문에서는 기존의 2+2 국방안보협력을 더욱 발전시키고 심화시켜야 한다. 이를 위해 한-호주 국방안보 협력의 청사진에 따

49   Lee Jaehyon, "A South Korean Perspective on the Potential Contributions and Limitations of the ADMM-Plus," *Asia Policy* 22 (2016).

른 이행 상황을 지속적으로 점검하는 동시에 협력사업을 업데이트하고 변화시켜나가야 한다.

V. 결론

이상의 논의에서는 먼저 한국의 외교정책에 뿌리 깊게 내리고 있던 강대국 중심의 지정학적 관점이 한국 외교정책에 미친 부정적인 영향을 언급했다. 이 부정적인 영향은 지나친 강대국, 4강 중심주의 혹은 동북아, 한반도 중심주의로 나타난다. 아울러 이런 관점은 한국을 지나치게 약소국으로 평가하는 동시에 우리의 이익과 안보를 강대국에 의탁하는 사고방식을 혹은 한국을 지나치게 과대평가하는 방식의 외교정책을 가져왔다. 이런 시각을 교정하기 위한 대안적 관점으로 우리의 실질적 국력에 맞게 우리 스스로를 평가하는 동시에 우리의 지역적 관점을 넓힐 것을 주문했다. 현실적으로 한반도 문제와 한반도를 둘러싼 주변 강대국을 무시할 수 없지만, 그만큼이나 중요한 것이 한국의 미래이고 이익이다. 따라서 주변 4강, 한반도, 강대국에 대한 관심과 정책을 유지한 채 새롭게 자원을 미래 외교를 위한 방향으로 투입해야 한다.

여기서는 그 대안으로 아세안, 오세아니아 등과 전략적으로 연대를 하는 남서방면 호를 주장했다. 전통적인 한국 외교의 방향과 공간이 북동방면 호라면 이 새로운 호는 새로 부상하는 세력들과 중견국 연대를 의미하며, 현재의 문제와 과제보다는 미래의 문제와 과제를 다루며, 한반도와 북한에 고착된 한국 외교의 전략 공간을 확장하는 구상으로 제시된 것이다. 이를 통해서 북동방면 호, 즉 주변 4강대국, 한반도, 북한에 매몰된 외교를 벗어나 남서방면 호에 있는 국가들과 중견국 협력을 구축함으로써 한국 외교의 정체성을 새로 규정하고 한국의 전략 공간을 새로 마련하여 확장하는 동시에 우리의 실질적 힘과 규모에 맞는 외교, 그리고 한반도를 넘어 지역 전체의 이익을 위해 공공재를 공급할 수 있는 외교를 추구할 때다. 아세안과 오세아니아 국가 역시 미-중이라는 강대국 경쟁으로부터 오는 전략적 압력, 그리고 자신의 특수한 지정학적인 문제를 고민하고 있는 상황에서 지금은 그 어느 때보다 이런 상상의 연대를 구성하기에 바람직한 시기라고 할 수 있다.

이런 지역 중소국 연대는 먼저 강대국 간 경쟁을 완화하는 중개자(mediator)의 역할을 해야 한다. 더 나아가 강대국 간 전략적 간극을 좁히는 데 다리의 역할을 하거나 대화를 촉진하는 역할(facilitator)을 할 수 있다. 무엇보다 강력한 중견국 연대는 강대국 간 갈등과 충돌을 조정하는 역할(moderator)을 해야만 할 것이다. 또한 강대국에 의해서 일방적으로 지역질서가 형성되지 않도록 지역질서 형성에 일정한 영향을 미치는 방향으로 역할을 해야 한다. 할 수 있다면 직접 지역질서를 형성하는 건설자(builder)가 될 수도 있다. 강대국 합의에 의한 혹은 일방의 승리에 의한 지역질서 형성 과정에 지역 중소국가들의 이익이 보장될 것이라는 확신은 없다. 강대국 합의에 의한 질서든, 어느 일방에 의한 질서든 이런 질서가 형성되는 과정에서 지역 중소국가들은 연대해서 형성되는 과정에 있는 질서에 일정한 영향을 미쳐 지역 중소국가의 이익을 보장해야 한다. 단기적 중재보다 이런 질서 형성 과정에서의 역할이 보다 중요하다.

물론 이런 중소국가 연대, 보다 구체적으로 여기서는 한국이 참여하는 남서방면의 호 건설은 결코 자연스러운 과정이 아니다. 새로운 전략적 공간, 그리고 전략적 연대와 그 연대가 가져올 구체적 이익에 대한 구성주의적 접근이 필요하다. 지리적으로 혹은 현실주의적으로 이미 그려진 구도가 아닌 구성에 의한 새로운 전략공간과 연대의 창출이 필요하기 때문이다. 이런 구성주의적 정체성 형성과 지역, 전략 공간 정의에서 가장 중요한 부분은 현실적 힘의 관계가 가져오는 집단행동의 딜레마를 넘어서 누가 첫 추동자(first mover)가 되는가라는 점이다. 대부분의 중소국가들은 누구나 무임승차자가 되려는 꿈을 꾼다. 어느 중소국가도 눈앞의 이익 앞에서 강대국을 넘어서 중소국 연대의 첫 추동자가 되려는 결정을 내리기 어렵다. 자신의 이익과 안보를 보장하는 구조에 의해서 버려지는(abandon) 꼴을 회피하고 싶기 때문이다. 이 한계의 극복이 새로운 지정학적 구도와 전략 공간 창출을 통한 이익 확보에서 관건이다.

참고문헌

김상배. "글로벌 거버넌스와 한국외교의 정체성: 제3세대 중견국 외교론의 모색,"
　　　한국국제정치학회 학술대회 발표문(2015년 6월 26일).
김영호. 『대한민국과 국제정치』, 서울: 성신여자대학교출판부, 2012.
더불어민주당. 『19대 대통령선거 정책공약집』, 서울: 더불어민주당, 2017.
문경희. "호주의 아시아 관여 정치: 국제정치경제의 변동과 호주 정당 간의 경쟁적 대 아시아
　　　관점," 『세계지역연구논총』, 28:3(2010).
문병기. "아세안과 협력, 공동체 수준 확대" 『동아일보』(2017년 11월 14일자).
문인혁, "한반도의 지정학적 구조 분석과 국가전략: 비판지정학을 중심으로," 『전략연구』,
　　　66(2015).
박사명. 『동아시아의 새로운 모색: 전장에서 시장으로, 시장에서 광장으로』, 서울: 이매진,
　　　2006.
_____. "신정부 지역전략의 향방," 국립외교원 외교안보연구소
　　　「동북아플러스책임공동체」세미나(2017년 8월 2일).
손제민. "한-동남아 협력, 4강국 수준으로," 『경향신문』(2017년 11월 14일자).
외교부. 『제1차 대한민국 공공외교 기본계획 2017-2021』, 서울: 외교부, 2017.
_____. 『동북아평화협력플랫폼 브로셔』(미출간 브로셔).
윤영관. 『외교의 시대: 한반도의 길을 묻다』, 서울: 미지북스, 2015.
윤진표 외. 『한국과 아세안 청년의 상호 인식』, 서울: 한-아세안센터, 한국동남아연구소, 2017.
이동선. "현실주의 관점에서 본 미중관계," 『JPI 정책포럼』, No. 2015-08, 2015.
이상현. "한국의 복합외교 구현을 위한 과제," 『JPI Peacenet』, No. 2011-06, 2011.
이재현. "MIKTA는 중견국 외교인가?" 『아산정책연구원 이슈브리프』, No. 2015-07, 2015.
이춘근. 『미중 패권 경쟁과 한국의 전략적 선택』, 서울: 한국경제연구원, 2012.
임혁백. "남북철도연결사업: 아시아 중추국가의 혈맥," 『통일시론』, 8(2000).
장성민. 『중국의 밀어내기, 미국의 버티기: 기로에 선 한반도 운명과 미중패권 충돌』, 서울:
　　　퓨리탄, 2016.
전재성. "인도네시아의 민주화와 아세안 리더십," 박사명 외. 『동아시아공동체의 동향과 과제:
　　　협력에서 공동체로』, 서울: 이매진, 2000.
지상현. "반도의 숙명: 환경결정론적 지정학에 대한 비판적 검증," 『국토지리학회지』,
　　　47:3(2013).
최강. "새로운 한국 정부의 주요 외교안보 도전 과제," 『아산정책연구원 이슈브리프』, No.
　　　2017-14, 2017.
최영진. 『신조선책략: 어떻게 역사는 역전되는가』, 서울: 김영사, 2013.
홍완석. "유라시아대륙횡단철도 국제화의 정치, 경제적 함의와 한국의 전략적 선택"

『국제지역연구』, 8:1 (2004).

Acharya, Amitav. "Realism, Institutionalism and the Asian Economic Crisis," *Contemporary Southeast Asia*, 21:1 (1999).

Australian Government. *Australian Foreign Policy White Paper*, Canberra: Australian Government, 2017. (https://www.fpwhitepaper.gov.au/)

Bergin, Anthony. "Is Australia a pivotal power?" *The Strategist*, (2013).

Burke, Anthony. *Fear of Security: Australia's invasion anxiety*, Cambridge: Cambridge University Press, 2007.

Caballero-Anthony, Mely. "Understanding ASEAN's centrality: bases and prospects in an evolving regional architecture", *The Pacific Review*, 27:4 (2014).

Carr, Andrew. "Is Australia a middle power? A systemic impact approach," Australian Journal of International Affairs, 68:1 (2014).

Dorsch, Jorn. "The US and Southeast Asia," in Mark Beeson (ed.), *Contemporary Southeast Asia*, Houndsmill: Palgrave, 2009.

Felker, Greg. "The Political Economy of Southeast Asia," in Mark Beeson (ed.), *Contemporary Southeast Asia*, Houndsmill: Palgrave, 2009.

Grubel, James. "Bush's sheriff comment causes a stir," *The Age*, (17 October, 2003).

Hunt, Luke. "ASEAN Summit Fallout Continues," *The Diplomat*, (July 20, 2012).

Ikenberry, John. "American hegemony and East Asian order," *Australian Journal of International Affairs*, 58:3 (2010).

Kaplan, Robert D. *Asia's Cauldron: The South China Sea and the End of a Stable Pacific*, New York: Random House, 2014.

Kissinger, Henry. *World Order*, New York: Penguin Press, 2014.

Lee, Jaehyon. "A 2+2 for the Future: The First Korea-Australia Foreign and Defence Ministers' Meeting," *Asan Institute for Policy Studies Issue Brief*. No. 64, 2013.

_____. "China is recreating the American Hub and Spoke system in Asia," *The Diplomat*, 2015.

_____. "25 Years of ASEAN-Korea Relations and Beyond: from a slow start to a solid partnership," in Lee Choong Lyol, Hong Seok Joon and Youn Dae-Yeong (eds.) *ASEAN-Korea Relations: Twenty-five Years of Partnership and Friendship*, Seoul: Nulmin Books Publishers, 2015.

_____. "A South Korean Perspective on the Potential Contributions and Limitations of the ADMM-Plus," *Asia Policy*, 22 (2016).

_____. "ASEAN-Korea Political-Security Cooperation: Building a Partnership between ASEAN Political Security Community and Korea," in *Partnering for Tomorrow: ASEAN-Korea Relations*, Seoul: ASEAN-Korea Centre and Korean Institute of Southeast Asian Studies, 2017.

Mead, Walter Russell. "The Return of Geopolitics: The Revenge of the Revisionist Powers," *Foreign Affairs*, 69 (2014).

Caballero-Anthony, Mely. "Challenging Change: Nontraditional Security, Democracy, and Regionalism," in Donald K. Emmerson (ed.), *Hard Choices: Security, Democracy and Regionalism in Southeast Asia*, Stanford: Stanford University Press, 2008.

McKenzie, Nick. Richard Baker, Sashka Koloff and Chris Uhlmann, "China's Operation

Australia," *Sydney Morning Herald,* (2017). (http://www.smh.com.au/interactive/2017/chinas-operation-australia/soft-power.html)

Supriyanto, Ristian Atriandi. "Indonesia's ASEAN leadership lost at sea," *East Asia Forum* (2016). (www.eastasiaforum.org/2016/09/16/indonesias-asean-leadership-lost-at-sea)

Medccalf, Rory. "In defence of the Indo-Pacific: Australia's new strategic map," *Australian Journal of International Affairs.* 68:4 (2014).

Scott, David. "Australia as a middle power: ambiguities of role and identity," *Seton Hall Journal of Diplomacy and International Relations,* 14:2 (2013).